だいわ文庫

逆境での闘い方

三浦大輔

大和書房

はじめに

自分には若い頃、本を読んだ経験がほとんどない。読むといえばマンガや雑誌。小説などもってのほかで、活字といえば気楽に読めるものにしか興味を示さなかった。

それが、30歳を過ぎたあたりから意識が変わった。

プロ野球選手にとっての30代は、中堅からベテランへと移り変わる大事な時期だ。20代までは体力があるため、純粋に技術で勝負できるかもしれない。しかし、30歳を過ぎると体力は衰え、それまで何も考えずにできていたパフォーマンスにも徐々に陰りが見えてくる。

そうなったときに必要なのが「頭」。考え、実行する能力だ。

一流と呼ばれる選手になればなるほど、自身の考えや練習方法などを人に見せたがらない。自分も一流とはいえないにせよ、「見せる必要なんてない」と感じている部分もある。

その一方で、彼らがどんな思いで練習に取り組み、どうやって壁を乗り越え、一流であり続けたのか？　その方法が気にもなっていた。それで「一流」と呼ばれた先輩たちの本を手にとるようになったのだ。

近年では、野村克也さんの『野村ノート』をはじめ、落合博満さんの『采配』、他にも、専門家によるメンタルトレーニングや実業家の方々の成功哲学が書かれた書籍など、いわゆる「自己啓発本」も数多く読んでいる。

そこで教えられたのは、「人は失敗なくして成長しない」ということだった。

自分の野球人生は失敗からのスタートだったといっていい。

小学生から野球をはじめ、「プロ野球選手になりたい」という夢を抱き、毎日のように練習に明け暮れる日々を過ごした。プロ野球選手になった者からすれば、そこまでは当たり前のことだろう。

だが、自分は逃げた。

高校に入学すると、中学の同級生と遊びたくなり、同じように遊びほうけた。

部活動の練習を休むのは当たり前。いつしか、授業中にもかかわらず窓から教室を抜け出し、校舎の裏口から脱走するといった行動を頻繁にとるようになり、学校へもあまり行かなくなった。

当時は、その行為が「カッコいい」と、自分では思っていた。

しかし、先生方や野球部の監督、チームメイトからすれば、それは紛れもなく「カッコ悪い行為」だったのだ。

自分が犯してきたその行為が「逃げ」だと気づいてからでは遅かった。まわりは誰も自分を信用してくれなくなった。

過去は変えられない。

ただ、「三浦大輔は変わったんだ」と周囲に認めてもらうことはできる。

そのために自分は、一生懸命に野球に取り組んだ。

「打倒天理」を目標にして甲子園を目指し、プロに入ってからは1日でも早く一軍のマウンドに立つため、がむしゃらに練習をした。

先発投手として一軍の試合で投げられるようになってからも様々なことがあった。

スランプや故障。正直、心が折れてしまいそうになったことは一度や二度ではない。

それでも21年間もの間、現役生活を続けてこられたのは、自分に大きな柱があったからだと思っている。

常に逃げない自分でありたい――。

言葉にしたところで、実行に移すのは難しい。

それでも自分は、「逃げない自分」を追い求めていきたい。かつて、現実から逃げまくっていたからこそ、そう宣言した以上は、一生これを貫き通すつもりだ。


本当のことをいえば、自分が本を出させていただくことに抵抗がないわけではない。「社会経験のない自分が、プロ野球よりも厳しい一般社会で働く方たちに教えられることなどあるのだろうか?」。そう、思ってしまうからだ。

ただ反面、こうも感じている。

「もしかしたら、自分の生き様がみなさんの参考になるかもしれない」

「教える」のではなく「伝える」。

自分がそうであるように、他者の生き方に触れることで得られることもあるかもしれない。そのくらいの気軽さで、本書を読んでいただければ幸いだ。

第1章 居場所を作る

第2章 努力を続ける工夫をする

第3章

変化を恐れない

第4章 運の引き寄せ方

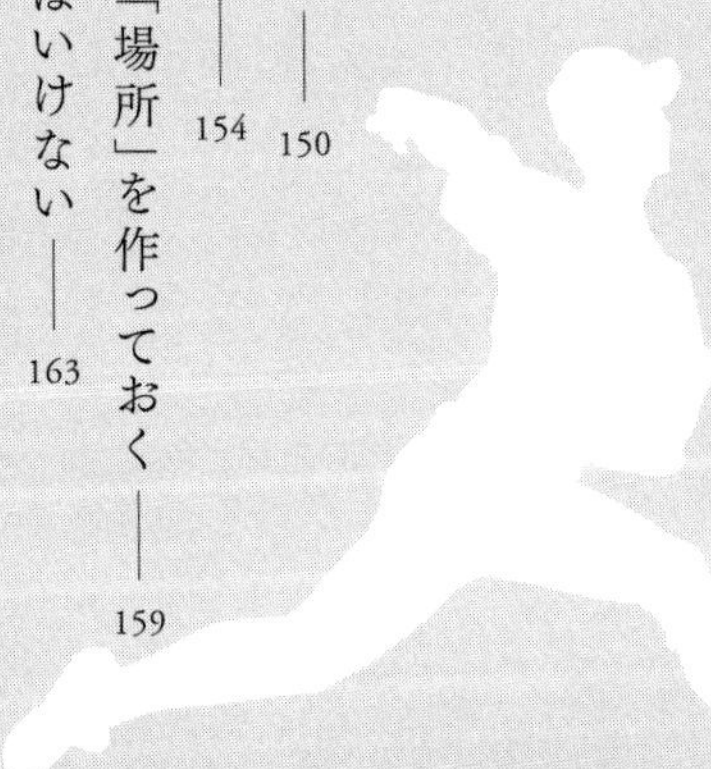

第5章 さらなる成長のために

第1章 居場所を作る

新人の精一杯のアピールで始めた
リーゼント

「三浦大輔といえば？」と問われれば、ほとんどの野球ファンはこう答えるだろう。

リーゼントだろ、と。

今どき古くさいと言われる髪型だが、これを始めたのはただ単にカッコつけるためだけではない。もちろん『ビー・バップ・ハイスクール』のような不良に憧れ、「いつか自分もリーゼントにしたい」という理由もあった。だがそれ以上に、**「プロ野球選手は目立ってなんぼだ」**という思いがあったのだ。

自分と同期入団は7人。チーム全体を見渡せば、投手は30人ほどいる。ドラフト6位の下位指名、しかも無名校出身の高卒ルーキーである自分の場合、みんなと同じことをしていては目立たないし、アピールもできない。だからリーゼントにすることによって、まずチームに「三浦大輔ここにあり」を印象付けたかったのだ。

その代わり、風当たりが強くなることはわかっていた。一般社会でいえば、新入社員がいきなり金髪にしてくるようなものだ。怒られるに違いない。

でも、「あんな髪型だから、あいつはろくに練習もしないんだ」と言われないよう、人一倍、練習には取り組んだつもりだ。ある意味、自分にとって背水の陣を敷くのにも近い感覚だったと思う。

練習に遅刻をしてしまうと、コーチから「髪を切ってくるか罰金を払うかどっちだ？」と懲罰《ちょうばつ》を課せられたこともあったが、それですむならと喜んで罰金を払った。

「一度リーゼントにすると決めた以上、とことん貫いてやる。この信念だけは絶対に曲げない」

そう自分に言い聞かせて厳しい練習に打ち込んだ。

そして、1週間、1カ月……日がたつにつれ、自分のリーゼントに言及してくる人間は少なくなっていった。それどころか先輩も、「おまえもよくやるよな。今さらリーゼントなんて」と認めてくれるようになった。

2012年、山口俊《やまぐちしゅん》という横浜DeNAベイスターズの投手が、3月に金髪にしてきて周囲を驚かせた。

なかには、彼の髪型をよく思わない人間がいたことも事実だ。だが、それも彼の強い意思表示だと受け取り、自分は山口を呼びこう伝えた。

「投手のおまえが打たれたら、絶対に髪型のことを言われるぞ。野球に関係のないことでもバッシングを受けるかもしれない。けど、やると決めたら覚悟を持ってその髪型を貫けよ。少なくとも1年間は変えるな。おまえがしっかり野球に取り組んで結果を残せば、金髪でもまわりは何も言わなくなるし、それがトレードマークになっていくんだから」

結局、山口は金髪を1年間、貫き通すことができなかった。開幕から不安定なピッチングが続き、4月のヤクルト戦でサヨナラヒットを打たれて敗戦投手となったことをきっかけに、坊主頭にしたのだ。

それでも自分はいいと思っている。

「髪型のことを散々みんなから言われて野球に集中できなかったんだろ？　確かに貫けなかったのは残念だっただろうけど、坊主にしてすっきりしたんじゃないか。もう一回、気持ちを入れ直して頑張れよ」

この言葉で奮起したわけでもないだろうが、その後の山口は安定感を取り戻し、この年に通算100セーブを記録するなどベイスターズの守護神として頑張ってくれた。

それほど、**自分のスタイルを貫き通すことは難しい**。きっかけはそれぞれだろうが、周囲に認めてもらうために、自分ももっと磨いていかなければと思う。

チャンスは自分で奪いにいくもの

入団当初の自分は、実力主義のプロ野球という世界において、「1年目も10年目も関係ない」と本気で思っていた。

だが現実は、理想とは真逆のものだった。

春季キャンプで朝から晩までしごかれ、ようやくシーズンを迎えて「これから実力を発揮してやる！」と意気込んでいたものの、ドラフト6位の高卒ルーキーである自分に与えられた仕事は、雑用だった。

二軍の試合は合宿所のある横須賀ではなく平塚で行われることが多く、球場でも日によって担当する雑用が決められていた。

最も多かったのが「ボールボーイ」と「バット引き」。

「ボールボーイ」はベンチ横に設置されたパイプ椅子に座り、バッターがファウルを打ったらボールを拾いに行く。グラウンド内ならまだいいが、スタンドに入った場合も当時は警備員がいなかったため、一度、球場の外に出てから正面入り口に回ってスタンドまでボールをとりにいかなければならない。球審が「ボール」と言えば走って届け、プレー中は消しゴムや雑巾などでボールの汚れをふきとる。

「バット引き」は、先輩が打った直後にホームベース付近に転がったバットを拾い、ベンチの所定の場所に戻しておく作業だ。

「今日はボールボーイで明日はバット引きな」

そう指示されるたびに心の中でこうボヤいたものだ。

「俺、こんなことをするためにプロに入ったんじゃないよな……目立ちたい。早く俺を試合に出してくれよ！」

若手には必要なことだったとはいえ雑用は嫌だった。

そんななかでたったひとつ、率先して行った仕事があった。

それは、「バッティングピッチャー」だ。

当時のチームは、一軍の雰囲気に慣れさせるためなのか、二軍の若手ピッチャーにその仕事を命じることがあった。

本来ならば、二軍コーチから指示されたときにだけ行けばいいのだが、自分は「こ

入団当初は体が細かった。

れは絶好のアピールになる！」と直感した。

「いつでも投げますから行かせてください」

二軍では雑用が多かったものの、ゲームでまったく投げていないわけではなかった。その結果は少なからず二軍から一軍に届いているはず。

だが、**報告書や口頭だけで自分の実力を判断してもらいたくなかった。**だから直接、一軍の首脳陣にピッチングを見てもらうために志願したのだ。

本来、この仕事はバッターに打たせることが目的だ。だが、自分は先輩たちを本気で抑えにいった。もちろん球種は伝えるが、甘いコースへ投げようとは微塵《みじん》も思わなかった。

「ちょっとでも真ん中に入ったらやっぱり打たれるな」

「ボール半分、ストライクゾーンから外れても振ってくるな」

「低めに投げておけばプロでも長打は減るな」

そんなことを思いながら全力で投げた。このとき、先輩たちが自分のことをどういう目で見ていたのかはわからない。

とにかく「俺のピッチングを見てくれ！」と「押し売り」をしていたようなものだ。ただ、秋には一軍昇格を果たせたのだから、自分がやってきたことは間違っていなかったと確信している。

だから自分は、後輩たちにも**「積極的に自分をアピールしろ」**と伝えている。

２００２年、入団したての村田《むらた》修一《しゅういち》と、こういうやり取りをした思い出がある。

「三浦さん、僕は４番を打ちたいです」

「それはいいな。『僕は４番を打ちます！』って首脳陣やマスコミに言い続けろ。**本当に自分が打ちたいと思うなら、成績が悪くても言い続けろよ**」

当時、ベイスターズには不動の４番バッターがいなかったし、村田はホームランを期待されて入団した経緯もある。だから自分はそう言った。

現に村田は努力を重ね、押しも押されもせぬチームの4番に成長してくれた。

どんな仕事だって上司から指図を受けるものだ。

命令されて気分がいい人間なんてひとりもいない。

だからこそ、**「指示」を「チャンス」に変えるような前向きさも、時には必要なのだと思う。**

「劣等感」を言い訳にしない

1993年9月4日。この日は、自分にとって忘れられない日となった。

北九州市民球場で行われた広島戦、プロ2年目の自分は先発マウンドを託された。

初回から調子がよく、相手打線をゼロに抑えていく。7回が終わっても得点を許していない。

「もしかしたら完封できるかもしれない」

油断したつもりはないが、こういうちょっとした隙《すき》を手厳しくつくのがプロの世界。

8回2アウトとなったところで、金本知憲《かねもとともあき》さんにホームランを浴び1点を奪われてしまう。しかし、ここで再び気合を入れ直し、結局完投勝利を手にすることができた。

プロ初勝利——。ようやく、プロ野球選手としてスタートが切れた瞬間でもあった。

プロ2年目での初勝利。高卒の、ましてやドラフト6位という下位指名選手としては上出来だろう。だが、自分はそこで満足をしなかった。それどころか、**「この勝利**

はあくまで通過点だ」と自分に言い聞かせたものだ。

自分はこれまで、「野球がうまい」と思ったことは一度もない。

親父の野球に対する指導は厳しかった。

小学3年生の時に少年野球チームに入ってからは毎日のように練習ノルマを課せられ、少しでもサボると頭をどつかれたものだ。自動でボールを上げてくれる「ティーマシン」をバッティング練習用にと購入してきたり、時間を見つけては近所の空き地《あきち》でキャッチボールをさせられたりと、とにかく野球漬けの毎日が続いた。

そこで、中学、高校と強豪校に進めていたら、またはドラフトで上位指名をされていたのなら、今のような考え方にはなっていなかったのかもしれない。だが現実は、無名の高田商業出身のドラフト6位の選手。「野球がうまい」とは思えなかった。

さらに、プロの若手時代の練習が過酷だったことも、そのような考えを後押ししてくれたのかもしれない。春のキャンプはもちろんのこと、このときは秋のキャンプがつらかった。

朝の9時から18時まで、走り込みを中心とした練習が延々と続く。宿舎に戻れば「床に寝転がりたい」という気持ちをなんとか抑えながらユニフォームを洗濯に出し、シャワーを浴びる。その後、ノートを片手に食堂で夕食をとり、眠たい目をこすりながらのミーティング。それが終わると夜間練習が待っている。唯一の至福の時間は布団に入るときだけ。普段ならすぐに寝てしまうところだが、目を閉じてしまうと感覚にして3秒後には朝になってしまうので、寝るのがもったいない。そんな生活が1カ月も続く。「あと何日……」。そう考えるだけで、時間が進むのが遅く感じてしまったものだ。

キャンプが終わったら終わったで、今度は横須賀の二軍練習場へ戻り、12月半ばまで練習。それが終了すればオフでようやく地元へ帰省できたが、1月も三が日を過ぎれば「合宿所開き」となり、また横須賀へ戻らなければならない。

そのうえ、毎年、「即戦力」と呼ばれるピッチャーが一、二人は必ず入団してくる。

「またピッチャーが増えるのか……これ以上、増えると俺の出番がなくなるよ」

そう思ったのは一度や二度ではない。

しかし、次第にその考えを改めるようになった。

「俺は劣等生じゃないか。もともとピッチャーの枠なんて考えられる身分じゃないだろ。即戦力だけがライバルじゃない。ピッチャー全員がライバルなんだ。絶対に負け

ない。気持ちだけでも負けなければ必ずチャンスは訪れる」

劣等感を抱いている人間は、どうしても卑屈になりがちだ。

「どうせ俺なんて」「もともと組織から期待なんてされていないし」。そう思いたい気持ちもわかる。

だからこそ、自分はこう強く自分に言い聞かせてきた。

劣等感を言い訳にするな——と。

結果を出せないのは、出身校でも、起用しない首脳陣でもなく、自分の責任。

人より実力が劣るからこそ練習するしかないのだ。

「己を知る」ことでつかんだ投球術

自分は「欲」の塊だ。

登板した試合では全試合で勝利投手になりたい。その過程でヒットを1本も打たれたくないし、ひとりのランナーすら出したくない。プロに入った当初からそう思っていた。ただ当時は、その欲のベクトルが少し違う方向に向いていた。

幸い1年目にして一軍に上がることはできたが、だからといってすぐに先発を任されたわけではない。特に自分のような高卒1年目のピッチャーは、ワンサイドの負け試合で少し投げさせてもらう、いわゆる、「敗戦処理」からというのが当時は当たり前だった。

そのため、失礼な話だが一軍ベンチでは、「早く打たれろ。早く俺に投げさせろ」と思いながら戦況を見つめていた日だってある。ピッチングコーチから「三浦、出番だ！」と言われれば、飛び跳ねてマウンドへ走っていった。

ここまでならいい。プロ野球界は弱肉強食。抑えた者が生き残り、打たれた者は去っていく。むしろ、そのくらいの意気込みがなければプロでは通用しない、といってもいいだろう。

だが、マウンドの上となれば別だ。いかに自分の力量と投球スタイルを理解し、冷静にベストなパフォーマンスを出せるかが重要となる。

入団当初の自分には、その意識が欠けていた。何も考えず力任せにストレートを投げ込む。ピンチになればなるほど「ここで抑えれば俺はヒーローになれる！」と肩に力が入り、普段のピッチングを忘れ、相手バッターに打たれる。そんな試合も少なくなかった。

「おまえはどんなピッチャーなんだ？」

そう言ってくれたのは、当時、ピッチングコーチを務めていた小谷正勝《こたにただかつ》さんだった。

「なんだ、あのピッチングは。おまえは思い切り投げて150キロが出せるのか？」

自分は「出せません」と言う。すると小谷さんは、諭《さと》すようにこう返す。

「今まで自分がやってきたことを思い出してみろ。どうやって二軍の試合で抑えて一軍に上がることができたんだ？」

　思えば、高校時代からそうだったではないか。いくら思い切り投げたところで球速は１４０キロそこそこ。だからこそ、自分は低めにボールを集めるという、コントロールをいかしたピッチングをするしかない。それをわかっていたではないか……。

「できないことをするから失敗するんだ。三浦、『己を知りなさい』」

己を知れば、自然と活路を見出せるものだ。

　それからは、試合を客観的に見ることができるようになった。

　ピンチの場面ともなればやることは限られてくる。バッターを三振に打ちとることがベストだ。しかし、それ以外のことも考えなければならない。ピッチャーである自分のところに打球が飛んできたら、内野ゴロになったら……。選択肢をある程度、把握できていれば、そのときに自分がすべきことはおのずと見出せるもの。

　己を知る――。小谷さんから教わったこの教えは、今でも自分の訓示となっている。

周囲に媚びないために「真面目」でいる

自分は「媚を売る人間」があまり好きではない。

そういう人間を目にするたびに、「カッコ悪いなぁ。ああいう人間にはなりたくないな」と自分に言い聞かせるようにしている。

他人に媚を売るということは、本来、自分がやるべきことをやっていない、もしくは、やるべきことがわかっているのに目をそむけている状態だ。仕事にせよ友達付き合いにせよ、自信を持ってやることとさえしっかりとやっていれば、誰にだって負い目を感じることなく堂々と生きていけるものだ。

こう述べてしまえば、「三浦って偉そうだな」と思われてしまうだろうが、決して上から目線で伝えたいのではない。

自分自身、かつては堂々と生きられず、逃げてばかりいた人間だったからこそ、そんな自分の過去を反面教師としてほしいのだ。

自分も、小学生の頃は比較的真面目なほうだった。学校が終わるとちゃんと宿題をすませてから遊びに行っていたし、たまにサボりはしたが父親に課せられた野球の練習メニューは黙々とこなしていた。

中学でシニアリーグのチームに入ってからも、毎回欠かさず練習に行った。土日は特に厳しかったため、中学校の友達と下校途中の「じゃあ、13時に駅で待ち合わせな」なんて会話が羨ましくてしかたがなかった。

「でも俺は、家に帰ってユニフォームに着替えて練習に行かな……。ええなぁ……俺も遊びたいな」

この頃から、自分の心に亀裂が生じていた。

高校に入ると、野球の練習はますます熾烈《しれつ》を極めた。平日でも早朝から授業が始まるまで練習があり、放課後は夜遅くまでグラウンドにいた。多少の怪我や微熱程度であれば練習を休むことなど許されない。

亀裂は徐々に広がり、秋には完全に修復できないところまできていた。

「病院へ行くので休ませてもらいます」

ずる休みだった。その日は友達と心ゆくまで遊んだ。だが、**たった一度の過ちが、**

たちまち自分を怠惰な人間にしていった。

次の日から部活を無断で休むようになった。いつしか授業中に学校を抜け出すようにもなり、さらには学校にすら行かなくなり、行動はどんどんエスカレートしていった。

結果的に、1カ月以上も学校をサボった。その間、両親はもちろん、担任教師、野球部の監督、チームメイトや同級生たちからも「戻ってこい」と説得された。だがそのときは、野球部もやめるつもりでいたし、学校もやめるつもりでいた。いまさら日常に戻るなんてカッコ悪いと思っていたのだ。

そのようなくだらない意地を張り続けているうちに、監督に拳で殴られ、チームメイトには涙を流しながら袋叩きにされ、みんなが力尽くで自分をチームに戻してくれた。

そして監督は、自分にこう言った。

「**信頼というのは一瞬で崩れるものだが、取り戻すにはそれ以上の時間がかかるものだ。**わかるか？」

その瞬間は、監督の言葉の意味がよくわからなかった。ところが、しばらくたったある日、その意味を身に染みて実解する。

学校近くの陸上競技場でマラソン大会があった日のことだった。「どうせ競技場に着いたらジャージに着替えるんだから」とネクタイをせずに現地へ行くと、教師のひとりから「取りに帰れ！」と怒鳴られた。面倒だと思いながらも、自宅へネクタイを取りに戻った。しかし、途中で電車の乗り継ぎがうまくいかず大幅に時間に遅れて競技場へ戻ると、みんなは「三浦が逃げた！」と騒然となっている。

ショックだった。「俺、ちゃんと家まで戻ってネクタイを締めてきたのに……」。不満もあったが、同時に監督の言葉を思い出した。

「監督の言った通りだ。俺、もう誰からも信用されていないんだ」

そのとき、自分は初めて周囲が自分を見る目を理解した。

学校にも友人にも迷惑をかけた。それに少しでも報いるために自分ができることは、野球に打ち込むことだけだった。

「あの期間がなければ甲子園に行けたかな？」

まわりの人達からはそういう声も聞こえてきた。だが、自分はあの経験があったからこそ、３年夏の県予選の決勝で天理高校と互角に闘えるまでに成長できたと思っている。

高校時代の経験は、自分を大きく成長させてくれた。

プロに入ったばかりのこと。小谷さんからいきなりこう言われた。

「プロ野球選手は、活躍すればするほどちやほやされる。けど、すべてがそうじゃない。**100人がおまえのことを好きだとしたら、嫌いな奴も100人いると思え。**浮かれるんじゃないぞ。ただし、おまえがプロでやることさえしっかりとやっていれば、いつか必ず多くのファンが応援してくれるようになる。だから、真面目に頑張れよ」

高校を卒業したばかりの人間が、目上の人からそう言われたとしてもなかなか理解できないだろう。だが自分は、高校時代の苦い経験がある。

そのため、小谷さんからこの言葉をいただいたときはすぐにこう思えた。

「自分が大洋ホエールズから指名されたことでプロに入れなかった人がいるかもしれない。これから自分がプロでチャンスをもらう反面、出番が少なくなる選手が出てくるかもしれない。そういう人たちはきっと、自分のことを嫌いになるだろう。もし逆の立場だったら、自分だってそう思うかもしれない」

　小谷さんは厳しかったが、自分のことを思って叱ってくれているのだということは、よくわかった。

「怖いけど、俺のために厳しくしてくれているんだ。この人の言ったことをしっかりやれば間違いなくチャンスがもらえる」

　今の自分がいるのも、高校の最低だった時期、そしてプロに入って浮かれそうになったときに厳しい方たちと出会うことができたからだ。

　だからこそ、自分は現実から背を向けず、他人に媚を売ることなく生きてこられているのだと思う。

監督が代わるからこそ、やってきたことを変えない

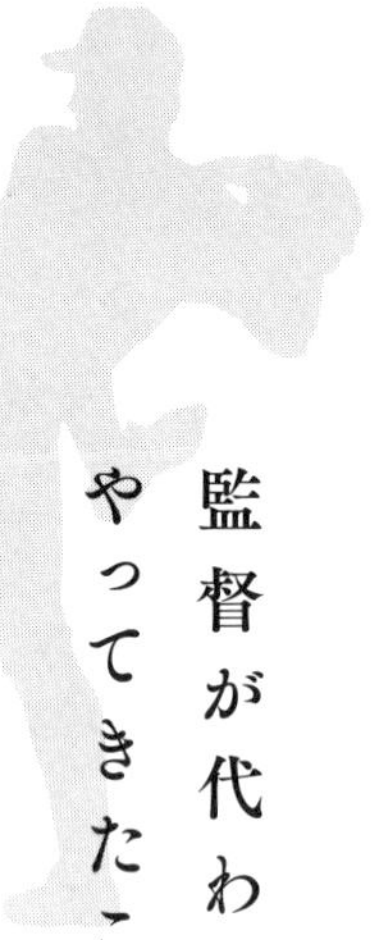

1991年から2016年までの現役生活で、チームの監督は代行を含めれば須藤《すどう》豊《ゆたか》さん、江尻亮《えじりあきら》さん、近藤昭仁《こんどうあきひと》さん、大矢明彦《おおやあきひこ》さん、権藤博《ごんどうひろし》さん、森祇晶《もりまさあき》さん、黒江《くろえ》透修《ゆきのぶ》さん、山下大輔《やましただいすけ》さん、牛島和彦《うしじまかずひこ》さん、田代富雄《たしろとみお》さん、尾花髙夫《おばなたかお》さん、中畑清《なかはたきよし》さん、アレックス・ラミレスさんの13人。

ちなみに、同じ期間で読売ジャイアンツと比較すると、藤田元司《ふじたもとし》さん、長嶋茂雄《ながしましげお》さん、原辰徳《はらたつのり》さん、堀内恒夫《ほりうちつねお》さんの4人。

つまり、横浜の監督の人数は多すぎる、ということになる。

プロ野球の監督とは、一般企業において大企業なら部長クラスくらいだろうか。中小企業であれば社長になるかもしれない。

一般的に、上司が代われば組織が変わる。組織が変わるということは部下も意識を変えなくてはならない、という考えもあるが、果たしてそうだろうか？　自分は一概

にそうとも言い切れないと思っている。

自分の場合の監督は13人。そのなかで一度の任期で最も長かったのは近藤さんと権藤さん、中畑さんの3年だ。その後はもっぱら「2年おき」が通例となってしまっている。

そのような短いスパンで組織を変えることなど困難だし、選手からすれば、頻繁なサイクルで意識をころころと変えると頭が混乱してしまうだろう。

だからこそ、自分は**今までやってきたことを変えない意識も大切だと感じている。**それを学ばせてくれたのが権藤さんだった。

権藤さんが監督に就任したのは98年。自分は前年に初の2ケタ勝利をマークし「これからが大事だ」と意気込んでいた時期であったし、なによりチームも優勝を狙える位置にいたことから、雰囲気も悪くはなかった。

一般的に権藤さんは、「選手の自主性を重んじる監督」として認識されている。実際にそうだったが、ピッチャーにはとにかく厳しい監督だった。

自分が先発した試合で打たれてベンチへ戻ろうとすると、権藤さんはすでに自分が座るはずの場所で身構えているのだ。

「高めばっかり投げやがって！　少しは低めを意識したピッチングをしろ!!」

味方が攻撃中、散々まくしたてられた後、「今度はちゃんとやれよ！　さぁ、行ってこい!!」と尻を叩かれ、マウンドへ送り出される。そんな日が多かったが、権藤さんの素晴らしかった点は、試合が終われば普通に話してくれることだった。もちろん、自分が好投した試合には褒めてもくれた。

なにより忘れられなかったのが、開幕から6連敗を喫し悩んでいた99年だ。後の章で詳しく説明するが、このときの自分は自らの意思で二軍行きを願い出そうになるほど気が滅入っていたが、権藤さんはそれを敢行することはなかった。

後から聞いた話によると、「ここで二軍に落としたら三浦のためにならない」と考え、まったく勝てなかったにもかかわらず、自分を先発として起用してくれていたらしい。そのような経緯もあり、後半戦で巻き返すことができたこの年は、9勝まで勝ち星を伸ばすことができた。

これらの経験から、**「やることさえやっていれば、ちゃんと監督は見てくれているものなんだ」**という、ひとつの答えを導き出すことができたのだ。

尾花さんが監督だった10、11年は、プロ野球人生の中でも一番といっていいほど大スランプとなり、監督から二軍落ちを命じられた。だからといって、「監督は俺のことを何もわかっていない」とは思わなかった。むしろ、心の中で「期待に応えられず申し訳ない」と謝罪したものだ。そこには、過去の経験を通じて、こういった信念がすでに自分に根付いていたからだ。

「自分がやるべきことをしっかりとやってさえいれば、必ず試合に出してもらえる。**俺を出さざるを得ないくらいの成績を残せばいいだけのことだ**」

こうして11年の後半戦にはいつものように一軍マウンドで投げることができ、5勝を挙げることができた。

監督からすれば納得のいく結果ではなかっただろうが、個人的には、些細な結果であってもやるべきことをやった結果が報われたのだと思っている。

先輩からは「生き方」を学ぶ

横浜の後輩たちは、三浦大輔に対してフランクに接してくれる。たまに「雑」かなと思うくらいに……。

いってしまえばそれは、自分が「いじられキャラ」であることの証拠なのだろうが、振り返ってみると若いときからそうだったようにも思える。

自分は入団したての頃から、不思議と先輩にかわいがってもらった。リーゼントにしても、コーチにこそ「髪を切ってこい！」と怒鳴られはしたが、先輩たちは「その頭はなんだよ。よくやるよなぁ」と、どちらかというと物珍しそうに笑いながらツッコミを入れてくれた。

「いやぁ、自分、これが好きなんで」

こんな具合で調子よくやり過ごしていると、そのうち食事にも頻繁に連れて行ってもらえるようになった。

「三浦、おまえももっと飲めよ」

先輩たちから酒を勧められる。自分はあまり酒が飲める人間ではなかったが、当時のプロ野球界、総じて「体育会系」と呼ばれる世界は絶対的な縦社会。「先輩の言うことは絶対」のため、無下に断るわけにもいかない。そうはいっても、飲めないものは飲めない。そこでこっそり席を離れ、店員さんにマジックを借りてトイレへ駆け込み、大げさに顔に髭を書いて、

「三浦大輔、歌います！」

と宣言して歌いまくったこともある。

「飲まされるくらいなら、これくらいいくらでもやってやるよ。歌っている間は飲まされることはないしな」

その場は、ちょっとした「三浦大輔リサイタル」となった。

ただ逃げるのではなく、ちょっと工夫して切り抜けるのが自分流だ。

そんな自分の立ち振る舞いの甲斐があってか、齊藤明夫《さいとうあきお》さん、佐々木主浩《ささきかづひろ》さん、野村弘樹《むらひろき》さん、斎藤隆《さいとうたかし》さんなど多くの先輩に食事に誘っていただき、自宅にも招待していただいた。

「こんな上下関係ってええなぁ」。そう思ったものだ。

要は、メリハリなのだ。

練習や試合では常に全力を出すために努力を惜しまない。その姿勢を先輩方に認めてもらった上で、プライベートでは楽しんで会話をする。それはいつか必ず、自分にプラスとなって返ってくるものだ。

2010年から2011年の前半戦にかけて、自分は極度のスランプに陥った。暗中模索したところで解決策など見つからない。

そんなとき、当時、東京ヤクルトスワローズだった宮本慎也《みやもとしんや》さんがこう言ってくれた。

「ここの壁を乗り切れば、少なくともあと2、3年は現役を続けられるよ。頑張れ」

宮本さんは、アテネオリンピックでともに戦って以来、シーズン中でも試合になると挨拶をさせてもらうなど親しくさせていただいていた先輩のひとりだ。北京オリンピックでの日本代表キャプテンや、プロ野球選手会の会長も務めるなど、「球界のリーダー」ともいえる人だ。

そんな宮本さんも、度重なる怪我やスランプに悩まされた時期もあっただろう。それでも、プロ野球界では「難しい」といわれる大学、社会人出身でありながら2000本安打を達成した。だからこそ、その言葉に重みを感じた。

「宮本さんが言ってくれるんだから、俺は絶対に壁を乗り越えられる」

そう信じた結果、「アジリティ強化」などトレーニング方法を見直し、壁を越えることもできたのだと思っている。

「だいぶよくなったじゃないか。壁を越えたみたいだな」

一軍復帰後、宮本さんはそう言ってくれた。

どんな形であれ自分をさらけ出し、それを認めてもらえれば、先輩というのは本当に自分が苦しんでいるときに助けてくれるものだ。

場の振る舞い方や生き方。そういったものはひとりでは生み出せない。自分を支えてくださった先輩方には心から感謝している。

「がむしゃら」にやらないといけない時期がある

仕事というものは、最初は右も左もわからないところから始まり、先輩や上司から言われたことをこなしながら、徐々に業務を覚えていくもの。野球にしてもそれは同じだ。

先にも述べたように、入団したての頃は自分だって何もわからなかった。奈良の田舎から横浜（最初は横須賀だったが）という大都市へ移り住み、華やかな街に浸る間もなく連日、練習が続く。

入団当初こそ、チームから「お客様扱い」されていた部分もあったが、それも春のキャンプがスタートすると一変、徹底的に体をしごかれた。もちろん厳しい。肉体もすぐに悲鳴を上げた。

だが、当時はとにかく一生懸命に練習をこなすしか方法はない。自分の中で「限界」と思っても、それがアピールになることを信じ、理不尽なことであっても「自分の身になる」と信じてただ黙々と練習する。

そういった苦しい経験を1年、2年としていくことで、選手は練習のやり方を吸収していくものだ。がむしゃらに練習した土台があってこそ、まわりを見渡し、「あの先輩の練習は効率がよさそうだな」「ただ走っているだけでは意味がない、ここを工夫しよう」などと、他人のやり方を盗みながら、自分にとって最適なトレーニングを学んでいく。

人というのは、「限界」を超えるからこそ成長できるもの。「そんなのやってもムダでしょ」と、目の前の限界に背を向け、いきなり効率や合理性だけを求めていては、真に身になる練習法にはたどりつけない。


自分の場合は若い頃、「ポール間走」というメニューを延々とやらされた。

ライトスタンドのポールから湾曲《わんきょく》したフェンス沿いに走りレフトポールを目指す。距離にして２００メートル弱。１本走るだけでも息が切れる。それを最初は10本。慣れてくれば20、30と数が増えていく。それだけでも、下半身は強化できるだろう。

だが、自分の時代は１００本という日も珍しくはなかった。

当然頭では、「そんなの無理だよ」と最初から「100」という数を否定しようとする。体力的に持たないし、そんなに走ったら怪我をするかもしれない。でも、走らなければ、その日の練習は終わらない。しかたなく走り出す。10、20、30……。体は徐々に悲鳴を上げ始める。「やめたい」とコーチに泣きつけばそこで終えられたかもしれないが、そんなカッコ悪いことなどしたくはない。

そうやって31本目を走り出す。限界を超える一歩を踏み出したのだ。

するとどうだろう。最初は「無理だ」と思っていた本数をこなせるのだ。その間、頭の中はボーっとして何かを考える余裕などなかったが、頭は拒否していても、体が勝手に反応してくれる「ランナーズ・ハイ」のような状況になっていたのだろう。気づけば100本を走りきることができていた。

限界というのは、自分が想像する以上に先にあるものだ。

100本のポール間走を終えた後にライオンに追いかけられれば、体力的には限界であっても、きっと全速力で走ることができるはず。そう思えば、きっと本当に限界まで練習することなんてできないのではないか。

このような練習が何よりも重要とはいえないかもしれない。だが、「限界を知る」

こともまた、プロ野球選手にとっては大事な練習のひとつでもあるのだ。

ムダを知るからこそ効率や合理性の大切さを理解することができ、自分にとってバランスのよい練習にたどり着くことができる。そうなれば、結果的にムダなこともムダではなくなるのだ。

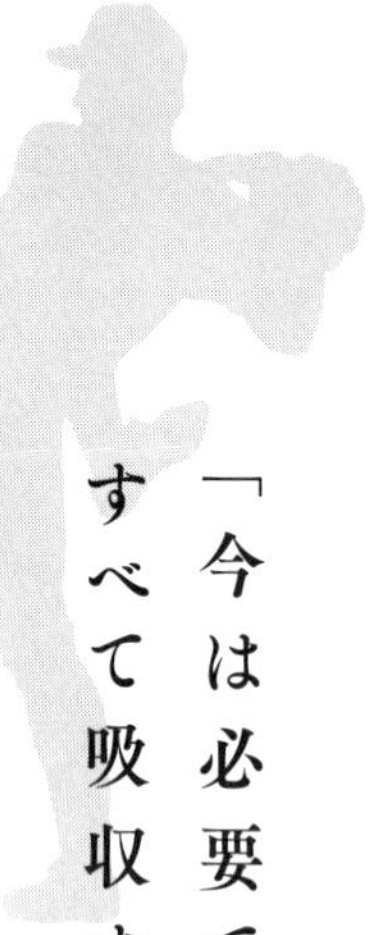

「今は必要でないアドバイス」もすべて吸収する

かつて自分の代名詞だった二段モーションのピッチングフォームは、偶然から生まれた産物だった。

1994年、プロ3年目の春。シーズン直前に行われるオープン戦の最中、小谷さんが見ている前で遠投をしているときだった。たまたまボールを離すタイミングがずれてしまい、左足をフラフラと二回上げてから投げてしまった。すると、

「もう一回、今のフォームで投げてみろ」

小谷さんが言う。自分はわけのわからないまま、同じように左足を二度上げてボールを投げると、

「そっちのほうが三浦にとっては理にかなっている投げ方だな。これから、そのフォームを作っていこう」

と言われた。

それまでの自分のピッチングフォームは、ボールを投げる直前に上半身を思い切り反らせていたため首に負担がかかって投げづらいときがあった。だが、小谷さんから言われたフォームで何球かボールを投げているうちに、このほうが負担がかからないことに気づき、次第に自分でもこの形が理想的だと信じるようになっていった。

だが、ひとつ問題があった。それは、今までそのフォームで投げているピッチャーがいなかったことだ。

オープン戦が行われる日に審判の平光清《ひらこうきよし》さんに尋ねてみた。日本では例を見ないピッチングフォームであるため、平光さんも確証を得られてないようだったが、たまたま来日していたメジャーリーグのアンパイアに確認した結果、平光さんはこう結論を出した。

「一連の動作だから問題ない。これがもし、一回にしたり二回にしたりと左足を上げる回数を使いわけるようであればボーク（反則投球）になるけど、毎回二回と決めているならワインドアップのモーションとして認識できるから大丈夫だよ」

二段モーションの誕生である。

しかし、このフォームは左足を二度上げるため、極端に言ってしまえば倍近くの負担が下半身にのしかかる。そのため、まずは二段モーションで1試合投げ切るだけの下半身作りを徹底的に行った。その甲斐あって、この年こそ2勝しかできなかったが、翌年には8勝を挙げるなど、二段モーションの成果は徐々に表れた。

ここで教えられたのは、**「自分にとってプラスだと思ったことはなんでも吸収する」**ということだった。

現役生活が長ければ、当然、様々なタイプのアドバイスを受ける。

コントロールに苦しんでいた時期に、あるコーチに相談するとこう言われた。

「おまえは気持ちが足りないから低めに投げられないんだ。気持ちをもっと前面に出して、『低めだ！』と思って投げろ」

言いたいことはわかる。気持ちが大事であることだって重々承知している。

しかし、このときの自分は技術的に低めに投げられなかったため、その理由を知りたくてコーチに教えを請うたのだ。

「気合ならいつも入ってるよ！　それでも投げられないから技術的な方法を聞いたのに、気持ちなんていいから具体的にどこがダメなのか教えてくれよ」と心で思った苦い経験もある。

しかし今思うのは、アドバイスはすべて聞いたほうがいいということだ。**自分の経験していない教えを聞くことができるのは、大きな財産だ。**今の自分に合わなくても捨ててしまうのではなく、「引き出し」に入れておけば後で必ず役に立つ。

第2章

努力を続ける工夫をする

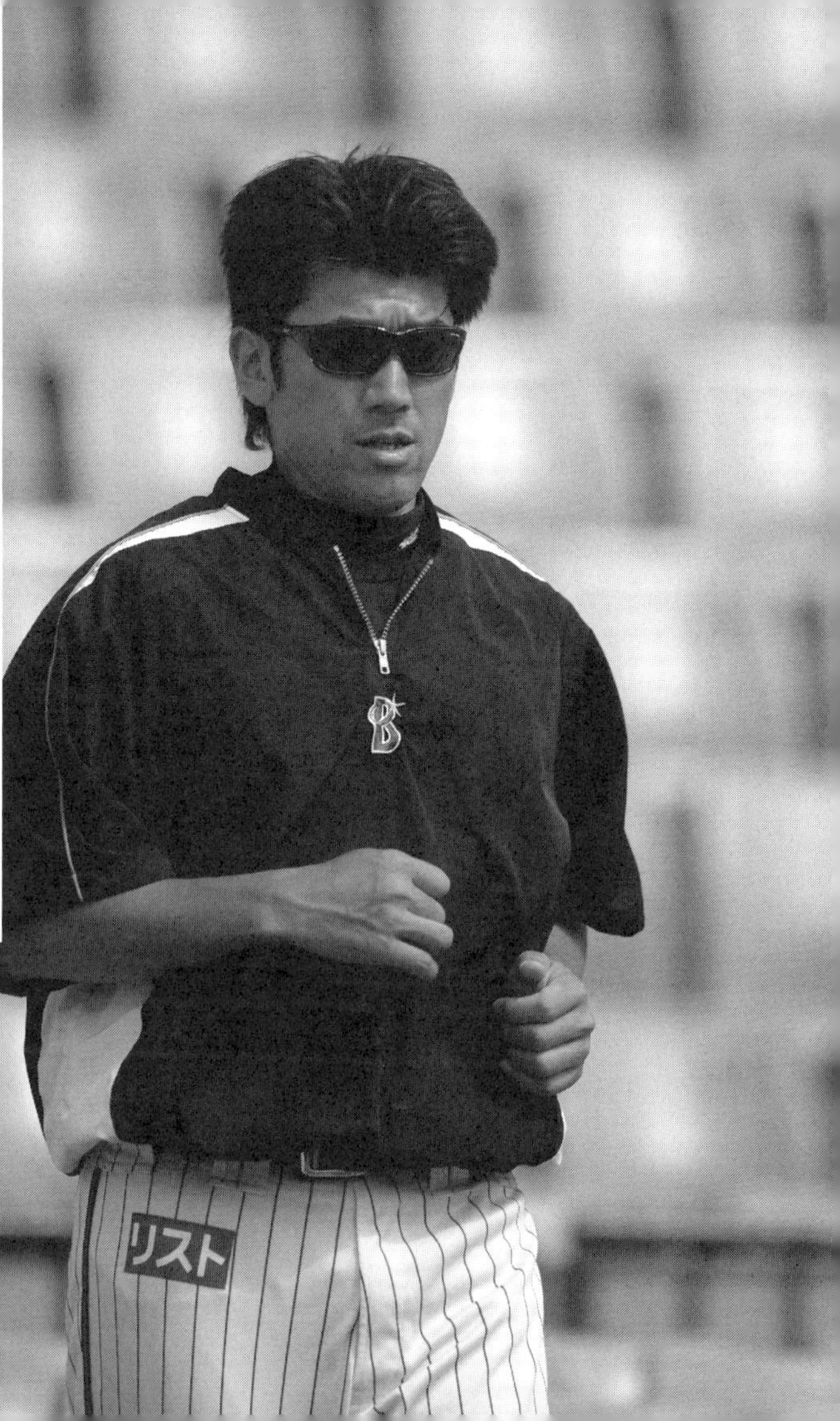

〝横浜〟にこだわる理由

2008年11月30日、プロ野球人生において大きな決断をした。

横浜ベイスターズ残留——。

フリーエージェント（FA）権を行使し、ベイスターズと、かねてより自分の獲得に興味を示してくれた阪神タイガースとの間で様々な話をさせていただいたが、結果的に自分はベイスターズ残留を決断した。

このときの自分は34歳。プロ野球選手でいえば、「ベテラン」といわれてもおかしくはない年齢だ。一般社会でもこの年齢は、ステップアップのために次のフィールドへ足を踏み入れようか考え始める時期でもあるだろう。

だから自分も、人生で一番といっていいほど悩みに悩み抜いた。

FA権を行使した理由は、「自分がまわりからどのように評価されているのか」を知りたかったということと、三浦大輔という選手を見つめ直したかったから。プロ野球選手、特に自分くらいの年齢にもなれば、より必要としてくれるチームでプレーしたほうが、やりがいを感じられると思ったのだ。

シーズンが終了してから間もない11月17日、自分はFA宣言をした。

ベイスターズからは、「球団に残ってこれまで以上にチームのために働いてほしい」と引き留められ、阪神からは「今の阪神には君の力が必要だ」と言ってもらった。

自分としては特別意識したことがなかったが、阪神戦の相性はよかった。08年時点での通算は37勝。この年だけでも7勝のうち4勝を阪神から挙げている。相手からすれば、「阪神キラー」と呼ばれていた自分を欲しいと言ってくれるのも納得できた。

それに阪神は、関西を拠点にするチーム。奈良県出身の自分は、親父が大の阪神ファンだったこともあり、よく甲子園球場に連れて行ってもらったし、タテジマのユニフォームに憧れていたのも事実だ。

親父としては、息子の報道を見て気にならなかったわけではないだろう。しかし、自分に気を遣っていたのか、おふくろも含め、両親と話しても一切FAの話題は出なかった。

妻に相談しても、「好きにしていいよ」と言ってくれた。

もし、阪神へ行くことになれば単身生活にはなるが、読売ジャイアンツ、東京ヤクルトスワローズ、横浜ベイスターズとセ・リーグには在京球団が三つあるため、シーズン中でも頻繁に自宅に帰ってくることができる。それもあって妻も、「今までだって地方遠征はあったんだから、そんなに生活は変わらないよ」と、自分の気持ちを最優先に考えてくれていた。

FAを宣言して以降、〈横浜の三浦、阪神移籍は秒読み〉といった、あたかも最初から自分が阪神へ移籍することを前提とした報道が毎日のように自分の目に飛び込んでくる。

「迷惑ばかりかけてきたし、最後に両親の近くでプロ野球人生を過ごすことが親孝行になるんじゃないかな?」

今だから言えることだが、心の中の天秤が、少し阪神側に傾きかけたこともあった。

だが、その均衡を打ち破ってくれたのは、やはりファンだった。

FAを宣言してからというもの、自分のブログには連日1000件ものコメントが届いた。深夜の2、3時までそれらを読み続け、涙が出そうになったことも数えきれない。家族と外食に出かけても、自分に気づいたファンが「横浜に残ってくださ い！」と懸命に声をかけてくれるし、ファン感謝デーのときなど、イベントそっちのけで「三浦コール」までしてくれた。

最終的に三浦大輔はどうしたいんだ――。心の中で自問した。

思い返せば、これまでの野球人生はチャレンジの連続だったではないか。小・中学生時代は優勝に縁がなく、高校では「打倒天理」を目標に野球に打ち込んできたが甲子園には出られなかった。ベイスターズでも98年に日本一という最高の瞬間を味わったものの、どちらかというと最下位を経験している年数のほうが長い……。

「そうだ、俺は弱いチームを強くして、みんなで優勝を味わいたいんだ」

08年は、阪神が2位で横浜が最下位。確かに、2位のチームのほうが優勝に近い位置にいる。だが、自分は映画『メジャーリーグ』のように、最下位から劇的に優勝を手にする姿を求めていたではないか。

「ここから優勝できたらどれだけの感動だろう。これこそが俺のこだわりじゃないのか」

決断したのは28日の夜中だった。翌日、昼食を食べながら妻と子どもたちに向かっ

やっぱり横浜で勝ちたい。

て、「聞いてくれ。横浜に残ることにしたから」と宣言した。

そのときの妻は、「あ、そう。残るのが一番いいよね。よかった」とあっさりとした態度で拍子抜けしてしまったが、後から聞くと、小学生だった子どもたちは、学校でクラスメイトから「おまえのお父さんは大阪に行くんだろ」といったようなことを言われ、つらい思いをしていたという。自分の決断は、子どもたちにとってもよかったのだと、このとき確信したものだ。

一段落したとはいえ、自分にはやらなければならないことがあった。それは、阪神にちゃんとお断りを入れることだった。

29日にお断りの電話を入れたが、それだけでは筋が通らない。翌日、横浜の球団事務所で残留の会見をする前に大阪へ向かい、球団の方の目をしっかりと見て、直接ベイスターズ残留の理由を伝え、謝罪をした。

高校時代にしてきたことを省みると、今後、「あのとき、直接、球団の方に謝っておけばよかった」と**負い目を感じて生きていきたくはなかったのだ。**

「チームを強くしたい」と残留を決意したものの、残念ながらそのときの横浜は、まだまだ強いとはいえない状況だった。そのため、主力選手たちは優勝を求めてチームを離れていってしまう。

11年のシーズンオフにFAを宣言し、巨人へ移籍した村田修一と話した際、彼は自分にこう言った。

「三浦さんは横浜で一回、優勝しているじゃないですか。でも僕はしていない。僕だって優勝を味わいたいんです」

このとき、「なるほどな」と思った。自分だって、優勝を経験していなければどうなっていたかは……。村田にせよ、10年にFAで福岡ソフトバンクホークスへ移籍した内川聖一《うちかわせいいち》にせよ、「優勝したい」という気持ちは同じなのだ。FAという権利を得た以上、それを行使して他球団へ移籍するのは本人の意思だし、自分がとやかく言えることではない。

だからこそ、自分はこう思うのだ。

「だったら、横浜にいる自分たちが、他球団の主力選手に『横浜に来たい』と言わせるくらい魅力的なチームを作ればいいんじゃないか」

自分が横浜にこだわってきた大きな理由はこれだ。これが実現できたら、理屈抜きでカッコいいと思ったのだ。

「これをやっておけば」なんて言葉は存在しない

ある雑誌で古田敦也《ふるたあつや》さんが自分のことを評価してくれている記事を見かけた。確か、こんな内容だった。

〈とにかく大の苦手だった。ものすごい速いボールがあるわけでも、曲がりの大きい変化球があるわけでもない。でも、外角低め、内角低めの出し入れが絶妙で、しかも、しっかり腕を振って投げるからどの球種を投げてくるかわからなかった〉

古田さんといえば、「ＩＤ野球の生みの親」といわれている野村克也さんのヤクルト監督時代の愛弟子で、現役時代は「ナンバーワンキャッチャー」と呼ばれていた名選手だ。その方が、自分のことをこのように評価してくれるのは光栄だし、とても恐縮してしまう。

ただ、古田さんの言っていることこそ、自分の生きる道だったとも思う。

プロ野球選手になった当初、小谷さんから「己を知れ」と教わって以降、「自分には佐々木（主浩）さんのようなフォークボールはないし、かといって150キロのストレートを投げられるわけではない。だったら、どうすればプロで通用するピッチャーになれるだろうか？」と考え抜いた末にたどり着いたスタイルが、低めにボールを集めたコントロール重視のピッチングであり、古田さんが言っていたような投球術なのだ。

野球というのは実に面白いスポーツだ。

160キロのスピードボールを投げようが、ほとんどの選手がかすりもしないようなスライダーを持っていようが、全試合を無失点に抑えることはできない。**どれだけ優れた投手であっても、防御率0・00などありえないのだ。**

つまり、「このボールを投げておけば大丈夫」などという球種は存在しない、ということになる。

だからこそ、マウンド上では常に思考を巡らせながら投げているのだ。

プロ野球の各球団には「スコアラー」と呼ばれる、相手チームのデータをまとめる役割の人がいる。選手は、試合前になるとスコアラーさんが用意してくれたデータを見ながら対策を立てる。

得意なコース、球種、苦手なコース、球種から打球方向、カウント別のバッティング傾向など、主要データを頭に入れた上で試合に臨む。

しかし、バッターは生き物だ。熟練のベテラン選手となれば自分と何度も対戦しているため、球種も傾向も把握されている。

例えば、初球にはあまり手を出さない打者の場合、あえて最初からバットを振ってくるといった裏をかく場合もあれば、スライダーにまったくタイミングが合っていないふりをしておきながら、続けて同じコースに同じボールを投げると狙い澄ましたように打ってくるような〝エサを撒《ま》いて球種をしぼる〟打者もいる。

だからこそ、それをできるだけ少ない球数で見極めなければならないのだ。

相手が苦手なコースでも、球種がばれてしまえば打たれてしまう。だったら、あえて得意コースからボール球になる変化球を投げてファウルを打たせよう。きっと外角のスライダーを狙っているだろうから内角にストレートを投げよう。そういう駆け引きが重要となる。

自分の場合、さらに手を加えた。

野球には、〈投手は捕手からボールをもらい受けてから15秒以内で投球動作に入らなければならない〉という「15秒ルール」が存在するのだが、その時間を有効活用した。

キャッチャーからのサインに頷いてからまったく動かなかったり、ランナーがいる場合であればセットポジションでギリギリまで投げなかったり。そうかと思えば、キャッチャーからボールを受けてすぐに投げることだってあった。

「三浦、セコいな」と思われるだろうが、三浦大輔というピッチャーはセコいのだ。

それをカッコ悪いと思う人もいるかもしれない。でも自分は、**ルールの範囲内であれば、何を駆使してでも勝ちたいと思っていた。**

それでも苦手なバッターが現れるから、野球というスポーツは面白い。

自分にとってその選手とは、中日ドラゴンズの荒木雅博《あらきまさひろ》だった。彼とはとにかく相性が悪い。

2012年こそ打率1割台に抑えられたが、前年よりも前になるとほとんど3割以上打たれている。酷いときなど数年連続で5割以上の打率を許してしまったくらいだ。甘いボールは当然のように打たれる。それどころか、完全に打ちとったボテボテの当たりでも、サードとショートの間を抜けてレフト前に運ばれる。バットを折りながらも内野安打にされたときなど、「あれ打ちとったよな。もう、何投げていいかわからないや」と笑うしかなかった。

「おい、どんだけ打つねん！」。以前、そう荒木にツッコミを入れたことがある。ところが、当の本人は「なんで打てるのかわかりません」と申し訳なさそうに答えるだけだった。

本心で言っているのか、技術的なことを隠しているのかはわからない。自分がそうであるように、荒木にも相手を攻略するための武器があるのかもしれない。

でも、そのほうが自分としても対戦し甲斐があるというものだ。野球とは騙し合い。騙したほうが勝ち、騙されたほうが負け。だからこそ、自分は相手を騙すために頭を使って投げるのだ。

「愚痴」をいうと踏ん張れなくなる

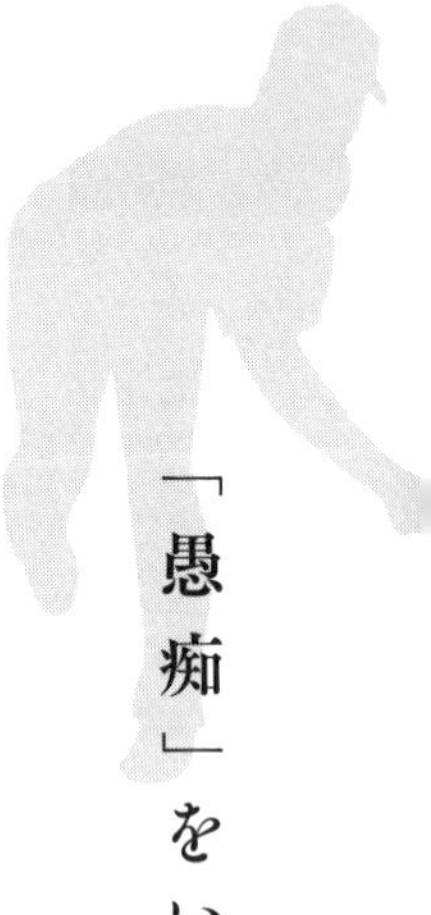

登板した試合では、バッター一人ひとりに集中し、点をとられてもすぐに切り替えて最少失点に抑えるよう努めている。しかし、**野球は9人でやるからこそ、自分の頑張りだけではうまくいかないことも多い。**

例えば、1アウト一塁の場面でバッターが打った打球はサードへ。「よし、ゲッツーだ！」とダブルプレーを確信し、一、二歩、ベンチへ帰ろうとした瞬間、サードがセカンドへ悪送球。チェンジが一転、1アウト一、二塁のピンチとなる——。

「おい！」と一瞬心で叫ぶ。

だが、それで終わりだ。

エラーをした選手をどんなに責めたところで、1アウト一、二塁のピンチは変わらない。それになにより、彼だってエラーをしたくてしたわけではないのだ。むしろ、自分以上に気落ちすることだろう。だからこそ、**エラーを責めるのではなく、ピンチ**

をどうやって切り抜けるかにエネルギーを注ぐほうが建設的だと考えている。

このようなきれいごとをいってしまうと、「三浦、無理しているんじゃないの?」と思われてしまうかもしれないが、もちろん最初からこのような意識でいたわけではない。様々な経験を通じて、ようやくこういった考えにたどり着くことができたのだ。

高校2年の夏の県予選。自分たち高田商業は、1回戦を突破すれば2回戦の相手が優勝候補の天理高校と、厳しい組み合わせだった。

開会式。自分たちのチームの横に天理高校のメンバーがいる。

「天理のユニフォーム、かっこええなぁ……」

開会式直後に自分たちの試合があることなどすっかり忘れてしまうくらい彼らに見とれてしまっていた。

高校野球では、ユニフォームの着こなしである程度相手の強さがわかるものだ。天理高校はというと、鍛え抜かれた体がユニフォームの上からでもはっきりわかるくらいビシッと着こなしている。なにより、メンバー全員、体が自分たちよりもひと回り以上、大きかった。

初戦で勝った瞬間、天理高校との対戦が決まった。

「次は天理や！」。緊張もあっただろうが、自分たちは天理高校と試合ができることで舞い上がってしまった。

名門の天理高校と無名の高田商業は、それまで練習試合すらなかった。チームメイト全員、口にこそ出さなかったが、心の中ではきっと「勝てるわけがない」と思っていたはずだ。その時点で、高田商業は試合に敗れたのも同然だった。

事実、試合では初回から味方がエラーを連発し、自分も打たれた。1回だけで6失点。1回が終わった時点で、すでに試合は決まったといっていい展開となった。それで気楽になれたのか、2回以降は天理打線を抑えることができたが、7回に1点を追加されコールド。高田商業はあっけなく敗れた。

自分は天理打線から2ケタ奪三振を記録した。本来ならば喜んでいいところかもしれないし、実際、自信にもなった。その反面、次第に悔しさが沸き起こってくる。

「天理から10個以上、三振がとれた。じゃあ、初回に自分がもっと冷静に投げていればいい試合ができたんじゃないか……」

振り返ればあの試合の初回、味方のエラーに憤り、自分を見失っていた部分もあったはずだ。ピッチャーである自分が一番落ち着いていなければ、守っているみんなだって不安だし、浮足立ってしまう……。あの試合をきっかけに、徐々にそう思えるようになった。

プロでもそのような試合を何度も経験してきた。なかでも自分にとって忘れられない試合となったのが、2007年の巨人との開幕戦だった。

初回、先頭バッターの高橋由伸《たかはしよしのぶ》に初球をものの見事にライトスタンドに運ばれた。開幕プレイボールホームラン。先発ピッチャーとしては、これ以上ない屈辱だ。

「ちょっと待ってくれ！　今のなし。もう一回やり直させてくれ!!」

ライトスタンドを見つめながら、心の中でそう叫んでいた。いくらコントロールミスでボールがど真ん中にいってしまったとはいえ、あれはないだろう、と。

ただ、いくら自分でそう思っても現実は絶対に覆《くつがえ》らない。

しばらくたってから娘にこんなことを言われた。

「パパ、**過去は変えられないけど、未来は変えられるんだよ**」

娘が読んでいた本の中にそのような言葉が書いてあったらしい。

人間というものは、時として現実から目をそむけたくなるものだ。だが、娘からそのことを教えられたときに、改めて「過去は変えられない」と自覚してマウンドに上がろうと決意した。

仕事のミスは自分がどれだけ願っても覆らない。だったら、次は絶対に同じミスを繰り返さない――。そう考えればいい。

プロ野球選手にしたって、エラーは誰でもする。同じようなミスを1年の間に何回もしてしまうかもしれない。だったら、それをゼロとは言わないまでも、ひとつずつ少なくするためにはどうするか？ **文句をいう暇があったら、練習するしかないのだ。**

12年シーズン、横浜は「5年連続最下位」という不名誉な記録を残してしまった。しかし、それは結果論であって、シーズン中はいくら最下位の可能性が濃厚だとしても「今年もダメか……」などと愚痴をこぼしている時間などない。

最下位が決まった後にしても、選手は試合に出る以上、絶対に気を抜いてはいけないのだ。1球、1球。1打席、1打席。一つひとつの守備……。そこと真剣に向き合いプレーしていくことで、次の試合、翌シーズンへの光明《こうみょう》が見えてくるかもしれない。

抑えられなかった。打てなかった。守れなかった。そんなことは試合後にじっくり反省すればいい。チームが最下位だったとしても、ペナントレースが終わった後に反省して、同じ過ちを繰り返さないための練習をすればいいだけ。
過去は変えられないが未来は変えられるのだ。

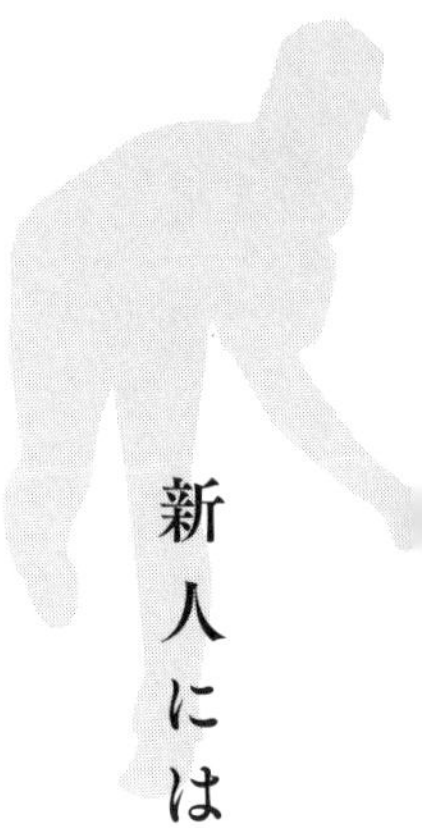

新人にはライバルが必要

アスリートの世界では、よく「ライバル」という言葉が用いられる。選手自身、「彼との対戦のときは燃える」などいつも以上に闘志を燃やすことがある。プロ野球の世界でも星野《ほしの》仙一《せんいち》さんが中日ドラゴンズでの現役時代、「巨人には絶対に負けない！」と並々ならぬ闘志と覚悟を持ってマウンドに上がっていたのは有名な話だ。

その意識は大事だと思っている。やはり、**目指すもの、倒すべき相手がいるということは、個人の能力を高めると同時に、アスリートには必要不可欠な「負けん気」も養えるからだ。**

自分もそうだった。高校2年の夏の県予選で天理高校にコールド負けして以降、「打倒天理」を目指して厳しい練習に耐えてきた。

天理は当時、最新鋭の器具を使ったフィジカルトレーニングで体を鍛えていたが、高田商業の筋力トレーニングといえば腕立て伏せや腹筋、背筋といったオーソドックスな練習ばかり。ウエイト器具にいたっては存在しないも同前で、道端に落ちているようなブロックを紐でくくりつけて持ち上げたり、グラウンドのバックネット裏に竹の棒を設置してよじ登ったりと、あの当時でも古典的なことしかできなかった。

自分が高校2年の夏、天理は甲子園に出場し全国制覇を成し遂げた。ますます雲の上の存在になってしまったわけだが、自分はさらに闘争心に火がついた。

「全国制覇はひとつ上の先輩じゃないか。自分たちの代では絶対に天理を倒してやる！」

新チームになってからの天理は、エースの谷口功一《たにぐちこういち》をはじめ、全国制覇を経験している選手が多く、早くも「全国ナンバーワン」と呼ばれる存在になったが、自分は甲子園出場を信じて練習した。

練習が終われば、学校のグラウンドから10キロ以上も離れた監督の自宅までランニングし、報告してから自宅まで走る。それを毎日行った。全体練習でも、設備に恵まれていないことを言い訳にせず、やれることを全力でこなした。

その結果、3年の夏の県予選では決勝に進み、1対3で敗れはしたものの天理打線と、後に巨人に入団した谷口を苦しめることができた。天理というライバルがいたからこそ、最後の夏に準優勝という結果を出すことができ、プロに進むこともできたと思っている。

プロに入ってからも、当初は谷口をライバル視していた。彼は巨人にドラフト1位で指名され、かたや自分は大洋ホエールズのドラフト6位。

「高校では勝てなかったけど、プロでは絶対に負けない！」

このようなライバル心が自分を支えたことも事実だった。

新人はこれでいいと思う。

が、プロ野球は一人のライバルに勝ったからといって生き残っていける世界ではない。

極端にいってしまえば、全員に勝っていかなければ自分の地位を確保できないのだ。だから自分は、こう思うようにした。

「俺に特定のライバルなんていない。全員が俺のライバルだ」

試合で自分が意識するライバルを完璧に抑えても、まったく警戒していなかった伏兵にホームランを打たれて負けてしまう試合などいくらでもある。

自分は、それが嫌なのだ。やるからには全員を完璧に抑えたい——。

大ベテランであろうが、高卒ルーキーだろうが、試合で対峙《たいじ》すれば自分にとっては「倒すべき相手」に変わりはないのだ。

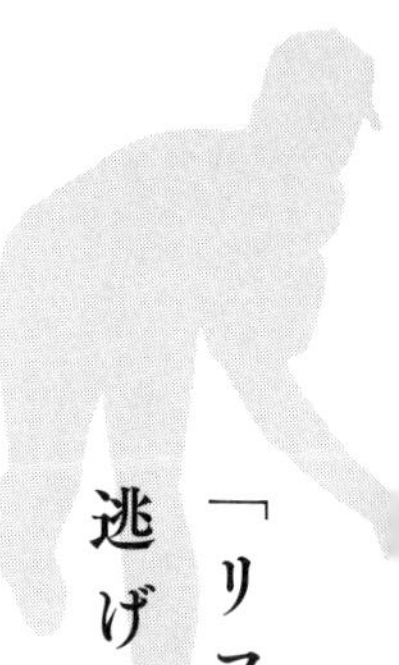

「リフレッシュ」という名の逃げにははまらない

「リフレッシュ」という言葉には様々な思いが込められていると思う。

仕事などで煮詰まっている際、気分転換に違うことをしてみる。忙しい日々から離れるため旅行に出かける。その他にも、音楽を聴く、お風呂場で湯船につかってのんびりするといった日常生活においても、リフレッシュの手法は数多くある。

だが、それらも状況が変われば、ただの逃避になってしまう恐れがある。

厳しい現実から目をそむける……逃げると、確かにその一瞬は解放された気分になるだろう。しかし、そう時間がたたないうちに、またつらい現実が脳裏をよぎる。

自分にもそのような忘れられない経験がある。

１９９９年。自分にとって、とてもつらい1年だった。

前年にベイスターズは38年ぶりの日本一に輝いた。自分もキャリアハイの12勝を挙げ自信をつけていたことから、翌年の開幕投手にいち早く名乗りを上げた。

「今年は開幕投手を狙います！」

春季キャンプ早々からこのように記者たちに宣言すると、メディアはこぞって「横浜三浦、開幕投手宣言」といった内容の記事を掲載する。自分としても、「まわりにアピールすることによって自分自身の士気も高まる」と思っていたため、先輩たちに気を遣わず連日のように開幕投手宣言を続けた。結果、キャンプ、オープン戦を通じてそれなりのパフォーマンスを首脳陣に見せることができ、開幕投手に任命されて有言実行を果たすことができた。

ところが――現実は甘くなかった。

開幕戦でヤクルト打線に打ち込まれ、7回途中4失点で降板。チームも5対10で敗れてしまう。これが悲劇の始まりだった。

登板2戦目の中日戦以降も打たれ続け、先発として9試合勝ち星なし。0勝6敗という散々な成績。5月も後半になると、とうとう先発を外され、中継ぎに回る屈辱を味わった。

どん底に落ちた。

「また三浦かよ……」

「いつまで投げてんだよ、おまえは！」

投げるたびにファンからヤジが飛ぶ。実際のところ、それでも応援してくれたファンのほうが多かったのだろうが、このときの自分には、激励の声援よりも、聞こえてくるのは、痛烈な「三浦批判」ばかり。

「みんな俺の悪口言ってる……」

被害妄想が自分の頭の中を支配しているようだった。6連敗を喫した直後など、もう耐えきれなかった。

「ファームに落としてください」

権藤監督に対し、その言葉がいつ口から飛び出してもおかしくない状態だった。このときすでに、「ファームに行けばラクになれる」と思い込んでいたのだ。

二軍に行けば、一軍よりも観客は少ない。ヤジだってそんなに飛んでこないだろう。なにより自分は、目の前の厳しい現実から少しでも逃げ出したかったのだ。だから、「リフレッシュ」や「リセット」という言葉を言い訳にして権藤監督に二軍降格を直訴しようと考えたし、むしろ監督から二軍落ちを先に宣告してほしかった。

だが、権藤監督はそれをしなかった。

「ここでファームに落としたら三浦のためにならない」。監督は、そう思って我慢してくれていたのだ。

中継ぎで投げていた6月、自分自身を見つめ直すようになった。

「もしかしたら、リフレッシュしない勇気も必要なんじゃないか」

そして、こうも思った。

「自分から二軍に落ちるなんて、『逃げ』だろ」

もう、逃げるのをやめた。野球で失った信頼は野球で返すしかない。

6月20日。函館で行われたヤクルト戦で約1カ月ぶりに先発マウンドに上がった。

8回まで相手打線を無失点に抑え、完封も見えてきた。

が、欲を出すとすぐに相手に付け込まれてしまうもの。9回に連打を浴びたちまち4失点となり、抑えの佐々木主浩さんに最後の火消しをお願いする羽目になってしまった。

ようやくシーズン初勝利を手にすることができた。しかし試合後、監督やコーチにこっぴどく怒られた。当たり前だ。「連敗ストップ」という事実よりもピッチング内

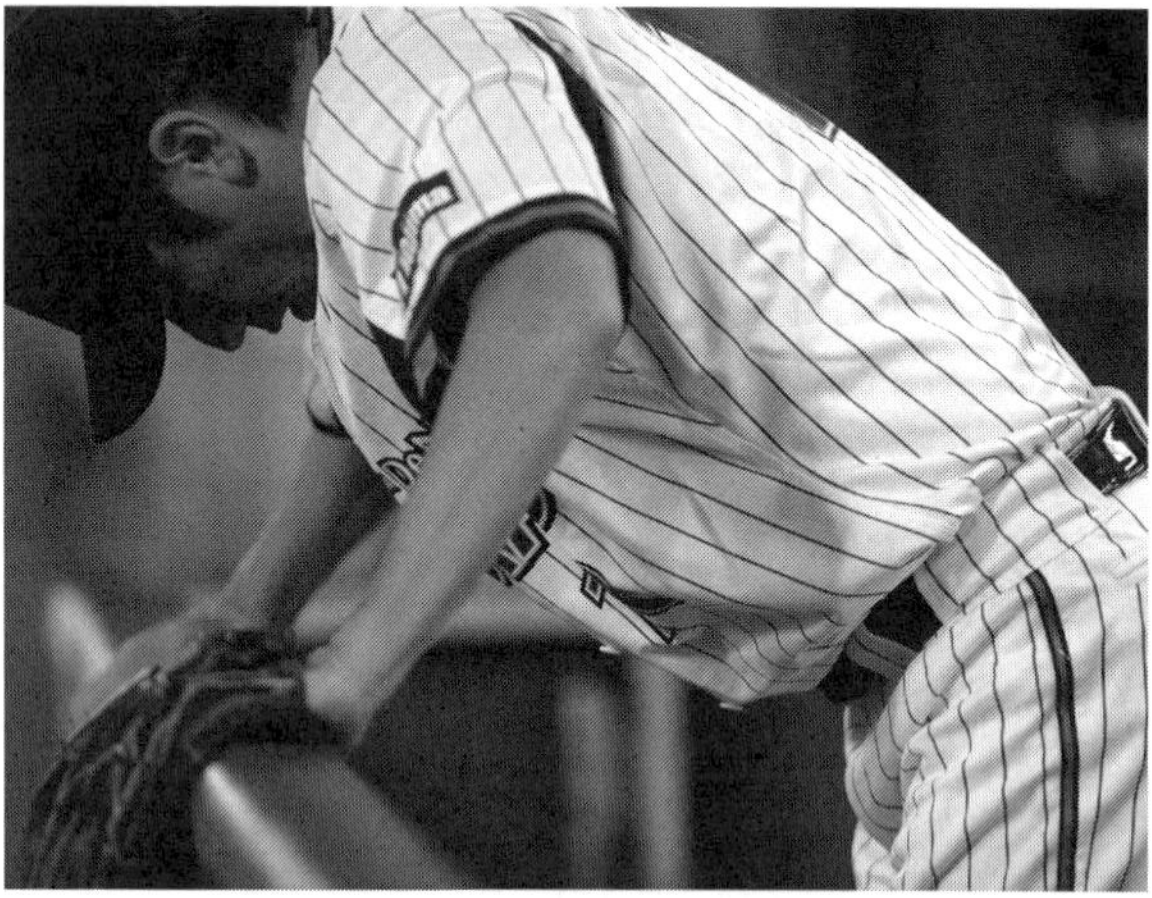
逃げないとグラウンドに誓う。

容が悪すぎたのだ。

そのため、自分としては「勝ててホッとした」という思いよりも、「申し訳ない」といった気持ちのほうが強かったと記憶している。

ただ、裏を返せば、この結果でよかったと思っている。

「最後まで気を抜いてはいけない」という強い気持ちを改めて教えてくれたからこそ、この勝利を含め、シーズンを通して9勝を挙げることができたのだ。

リフレッシュを口実にして逃げずに現実に立ち向かったからこそ得られた結果。この経験は、今でも自分の大きな財産である。

「スランプ」のときこそ自分を変える大きなチャンス

プロ25年間の年度別成績では、自分は2ケタ勝利を毎年のように続けていたわけではない。どちらかというと、負け越している年のほうが目立ってしまうような成績だ。

1999年のように何カ月も勝てず、長いトンネルをさまよっていた時期もあったが、一番つらかったのは10年から11年にかけてのスランプだ。

10年の出だしはそれほど悪くはなかった。5月末の時点で3勝1敗。だが、それ以降はまったく勝てなくなった。投げるたびに打ち込まれる。夏場には二軍行きを命じられ、9月に一軍へ復帰したものの、シーズン最後の登板となった広島戦では6回途中、7失点と滅多打ちを食らってしまった。

この年の成績は3勝8敗。99年以上の悲惨な結果である。しかも、99年とは明らかに違うものがあった。

それは、年齢――36歳。ベテランと呼ばれていた自分は、まわりから「三浦も年だな」と言われるようになっていた。

ものすごく屈辱だった。

年齢を言い訳にはしたくない。そのために、翌年は絶対に復活して見返さなければならない……。例年以上に意気込んだ。

11年、シーズン初登板となる4月15日のヤクルト戦では、勝ち星こそつかなかったものの5回を投げ3失点。自分としては、それほど悪いとは思っていなかった。

ところが……首脳陣から一軍登録抹消を通達された。本音をいえば納得できなかったが、上司から言われたことには従うしかない。10日間の調整を経て臨んだ4月27日の中日戦でも、6回途中1失点で敗戦投手になったものの、調子自体は悪くなかった。

そうして迎えた5月4日の広島戦。初回に相手に3点を奪われてしまうと、次の2回の自分の打席で代打を告げられた。いきなり交代させられたのだ。

「これは抹消されるな……」

翌日、予想したとおり一軍登録を抹消され、二軍へ行くこととなった。

いくら自分が「調子が悪くない」と思っていても、結果を出せなかったことは事実。だから、監督をはじめとする首脳陣への不満はなかった。

ただ同時に、嫌な予感が自分の脳裏をかすめ始めたのも事実だった。

今までの先輩方も、結果を出せなくなったら容赦《ようしゃ》なくメンバーから外された。そういったプロ野球界の厳しい現実を、自分はこれまで何度も見てきた。

「今シーズンはもう、チームの構想から外されたな」

自然とそう思うようになってしまった。

そのショックは、99年のスランプとは比べ物にならないほど深刻なものだった。

シーズン前に「今年こそは！」と意気込んでいた矢先の二軍落ち。しかも周囲は「世代交代」や「限界説」を唱え始めている。

「引退するときって、こういう感じなのかな……」

プロ野球選手にとって究極ともいえるネガティブな思考すら頭の中をよぎった。

しかし、一度もクビを経験していない自分にとっては、それがどういうものなのかが具体的に想像できなかったし、実感もなかった。

そんな自分を立ち直らせるきっかけを作ってくれたのが、妻のひと言だった。

「三浦大輔がこんな終わり方でいいの？」

そうだ。08年のFAでベイスターズに残留を決めたとき、こう固く誓ったではないか。

「俺は、横浜でもう一度優勝するために残留したんだ。それが俺にとって一番の幸せのはずじゃないか。それが、ただ今年、一軍登録抹消されただけで何を弱気なことを言っているんだ」

成績を残せない理由を年齢のせいにしたくなかった。

それからは二軍監督やピッチングコーチ、トレーニングコーチとともに原因究明に努めた。

その結果、スタミナ系は急激には落ちないが、瞬発系の筋肉は年をとると著しく落ちてくるということがわかった。

日々のトレーニングさえしっかりやっておけば、年配者でも若者より速いタイムでフルマラソンを走ることができるように、持久系の筋肉は衰えづらい。

その反面、100メートル走になると、年配者がいくら練習を積んでも若い人間より速く走ることはできない。瞬発系の筋肉は衰えるのが早いのだ。

普段のランニングは欠かしていないからスタミナの影響はないが、いわれてみれば瞬発系を鍛えるトレーニングはスタミナ系に比べて少なかった——。

「ここは思い切って、根本からトレーニングを変えてみよう」

そこからトレーニングを見直す日々が始まった。

3メートル間隔で三角コーンを四隅に置いたジグザグ走や、左右にターンをしながら走ったり、バック走をしたりと、様々なメニューを組み、それぞれで目標タイムを設定する。指示されたタイムをクリアするためにはただやみくもに走るのではなく、体幹をはじめとする各部位の動きを意識し、全身を使ってバランスよく走らなければならない。

それまで持久系が8、瞬発系が2といったような偏った練習をしていたのが、瞬発系が7、持久系が3のように大きく割合を変えて練習していった結果、徐々にではあるが体のキレが戻ってくるような感覚を抱き始めた。

7月に一軍登録されて以降は1完封を含む5勝。シーズントータルでは5勝6敗と負け越してしまったが、「自分はまだまだ衰えていない」と確信させてくれるには十分な結果だった。


自信を持って何かを長く続けていけばいくほど、急にそれを変化させるのは誰だっ

て怖いものだ。だが、今まで通りを続けるだけでは、成果を出せなくなるときが必ずやってくる。

確かにつらい。だが、そこで自分を見つめ直し、「変わる」ことを思い切って決断することができれば、また違う自分に出会うことができる。

10、11年の経験を通じ、自分はそのことを深く勉強させられた。

「感覚」は「感覚」のまま終わらせてはいけない

ピッチャーにとっての生命線はフォーム。だからこそ、付《つ》け焼《やき》刃《ば》で終わらせず、時間をじっくりかけて作り上げていかなくてはならない。

プロ野球のシーズンは3月末から10月頭まで。そこからクライマックスシリーズや日本シリーズに進出するとなると、実に8カ月も投げ続けなくてはならない。その長期間にわたり自分のピッチングフォームを維持するのは困難だ。

コンディションは常に万全とは限らない。1年のうち1、2カ月間、スランプに陥ることだって珍しくない。そうなったとき、アスリートという人種は不安に襲われるものだ。ちょっと肘が下がっているな。下半身が使えていないのかもしれない……。一度そう思ってしまえば、もう、心も体も落ち着かなくなる。

不調から脱却《だっきゃく》するべく、すぐにフォームの修正に取り掛かる。しかし、自分の思うように修正することができず、それどころか事態はますます深刻になり、後戻りができなくなってしまうほどめちゃくちゃなフォームとなってしまう。これが、付け焼刃による修正の最も悪いパターンだ。

ではどうするか？　極端にいってしまえば、**いくら結果が出なくてもフォームを変える必要はない。修正ではなく微調整をするのだ。**

肘がいつもより下がっていたとする。本来であれば、無理にでも上から投げようとするのだが、微調整とはそうではない。問題なのは肘ではなく下半身なのかもしれない。そこが通常よりもうまく使えていないため、肘まで影響を及ぼしているのかもしれない。

いってしまえば微調整とは、確認作業でもある。

常に細かい部分にまで気を配り、自身の体と対話を続ける。そのことによって、1年間、高いレベルでパフォーマンスを維持することができる。

それを実現させるために、シーズン開幕前の春季キャンプでの投げ込みが大事なのだ。

「1年間、このフォームで投げる」

そう、確信できるまで自分の形を固めておかなければ、必ず先に述べたような事態に陥ってしまう。

だからといって、ただ投げ込みだけをすればいい、という問題でもない。

肘が下がっている、下半身が使えていない。ならば、自分自身でそれがしっかり改善できた上で、力のあるボールを投げられるようになるまで投げ続ける。

それをしてもまだ足りない。**感覚は大切だが、見方を変えれば感覚ほど怖いものもない。**

本当に自分にとっていい感覚で投げられたとする。「よし、これを続けよう」。そう思ったところで50球も100球も続けられるわけがない。投げ続けていれば疲労がたまる。30球投げ終えたところで微妙にフォームが崩れても、そのまま「この感覚だ」と思い投げ続けてしまえば、結果的に間違ったフォームを身につけることになりかねない。

おかしなフォームで投げ続ければ、故障の原因にも繋がってくる。だからこそ、その感覚を目で判断できるようにしなければならない。

そのために、自分のピッチングをビデオに収めておくのだ。自分では上から腕を振

1年間投げ続けたフォーム。

り下ろしているつもりでも、まわりから見たらまだまだ肘が下がっているかもしれない。

様々な動作を一つひとつ確認する。だが、それでもまだ確認作業としては不十分だ。

自身にとって正しいメカニックで投げられていたとする。それをビデオにも収めている。では、何球目のボールが理想のフォームだったのか？　ただ映像を回しているだけでは、それを確認する術《すべ》がない。

だから、自分にとって「これだ！」と思ったフォームでボールを投げられた際には、帽子を取るなり腕を上げるなどをしてわかるようにしておく。そうすれば、後から確認作業に取り掛かったときに自分の形を分析しやすくなる。

これは何に対してもいえることなのかもしれないが、人間という生き物は自分の都合のいいように感覚や記憶を頭の中にインプットしてしまう厄介な習性がある。

しかし、**仕事とは感覚で行うものではない。形があってこそ初めて成り立つもの。**だからこそ、入念な確認作業が必要なのだ。

人生に同じ舞台などふたつと存在しない

この本を読んでくれている人の中には、「プロ野球選手は特別だ」と思われている人もいるかもしれないが、自分たちプロ野球選手だって一般社会で働く人たちと考え方は同じだ。

自分は企業勤めの経験がないため偉そうなことはいえないが、朝同じ時間に起き、同じ電車に乗って会社へ行く。業務内容は色々あるだろうが、毎日とにかく仕事をして家路につく。ビジネスマンの方たちはそんな日々を過ごされているのだろう。

プロ野球選手にしてもそうだ。

ホームゲームやビジターゲーム。デーゲーム、ナイトゲームによって起床時間や練習開始時間は異なるが、グラウンドでは決まった練習メニューを行い、試合が始まればチームの勝利のために全力でプレーする。

しかし、そんな毎日を3年、5年と繰り返していくうちに、無意識のうちに気が緩んでしまうことだってある。「今日は体がだるいし、ちょっとセーブして動こう」と怠惰な姿勢を見せてしまうことだってある。

しかし、それではダメなのだ。

シーズン１４４試合、同じ１試合でも内容はひとつとして同じではない。自分の気持ち、それまで精力を注いで続けてきたことを全力で行うことで、展開はいくらでも変えることができる。つまり、**常に刺激を持って仕事に臨みさえすれば、代わり映えのない日常であってもそれぞれが違う世界に見えてくるのだ。**

それを教えてくれたのが、２００４年のアテネオリンピックだった。

アテネは、初めて「オールプロ」で臨む大会だった。しかも監督は、「ミスター・プロ野球」として、選手としても監督としても数々の伝説を残されてきた長嶋茂雄さん。「金メダル」は至上命令でもあった。

自分はというと、予選の段階では代表選手に選ばれていなかったため「本選でもきっと呼ばれないだろう」と思っていたが選ばれた。

アテネオリンピックを間近に控えて日本中が盛り上がっている最中、事件が起きた。

長嶋監督が病床に伏してしまったのだ。大会への復帰は絶望的。ヘッドコーチを務めていた中畑清さんが監督代行としてチームの指揮を執ることとなったが、この一件で選手たちの士気はますます高まった。

「長嶋さんのために絶対に金メダルを日本に持って帰ろう」

自分も、「金メダルを獲るためならなんでもやろう」と積極的に動いた。

「俺、なんでもやるから、みんなも気にせずになんかあったら言ってくれよ」

投手陣では最年長だったが、年齢なんて関係ない。

オリンピックはセキュリティが厳しく、ベンチ入りメンバー以外にもトレーナーなどに人数制限があった。そのため、荷物も自分たちで運ばなければならない。高校時代の野球ってこうだったなと思い出しながら、ボールやスポーツドリンクなどチーム全体で使うものは、選手達で協力し合って運ぶようにした。**ひとりの選手として活躍したい。でもそれ以上に、日本代表というチームに少しでも貢献したかったのだ。**

いうまでもなく、試合も異質だった。

初めての登板となった予選リーグ第1戦のイタリア戦。自分は2番手として7回のマウンドに上がった。

試合は、この時点で日本が12対0と大差をつけている。1、2点とられたところで、この回を抑えてしまえばコールド勝ち。そんなラクな展開であっても緊張は高まるばかりだった。

観客席を見渡しても人はまばら。テレビカメラだってそれほど多くない。なのに、なぜこれほどまでに緊張するのか？　答えは簡単だった。自分のユニフォームの胸には日の丸が刻まれている。日本の全国民が自分たちの勝利を確信している。

「これがプレッシャーなのか。日の丸ってなんて重いんだろう」

投げ終わった後、体中が熱く、興奮しすぎて頭が痛かった。

そんな極限状態で投げるのは初めてだった。

イタリア戦は無失点で抑えたが、予選リーグ第4戦のオーストラリア戦では3番手として投げ、3点を奪われ敗戦投手となってしまった。自分の最後の登板となった第7戦のギリシャ戦でも3番手を任され無失点で切り抜けたものの、ピッチング内容としては「みなさんに申し訳ない」という思いのほうが強かった。

チームは決勝トーナメントに進出したが、準決勝で再びオーストラリアに敗れ、金メダルの夢は潰《つい》えてしまった。

試合後、誰もがうなだれ、ひと言も発しようとしなかった。そんな重苦しい雰囲気を断ち切ってくれたのが、キャプテンを務めていたヤクルトの宮本慎也さんだった。

「切り替えよう。オーストラリアには負けたけど、大会はまだ1試合残っている。勝って終わろう。金メダルは逃したけど、メダルがあるのとないのとでは大きく違うから。最後の最後まで全力を出し切って日本に帰ろう」

宮本さんの号令で再び士気を高めたチームは、3位決定戦のカナダに勝利し、からくも銅メダルを手にすることができた。

宮本さんは大会中、こんなことを言っていた。

「オリンピックは特別だけど、結局のところ同じ試合なんてないんだよな。ペナントレースだって1試合ごとに違うし、日本シリーズとなるともっと違う雰囲気になる。全部が大切な試合なんだよな」

この言葉を聞いて、自分は原点に立ち返った。

オリンピックを通じて何を痛感したか？　宮本さんが言うように、**「同じ試合など存在しない」**ということはもちろん、それと同じくらい重要なこと。

それは、**「野球はひとりじゃできない」**ということだ。

プレーする選手以外にもチームをまとめる監督がいて、指導するコーチがいる。チームが気持ちよく試合に臨めるよう裏方に徹してくれるトレーナーさんやスコアラーさん、用具担当の方たちなど、一人ひとりの力があって初めてゲームは成り立っているのだ。

三浦家には、アテネオリンピックのユニフォームが家の中で最も目立つ場所に飾られている。大会期間中にメンバーやコーチ全員にサインを書いてもらったのだ。大会後ではあるが、長嶋監督にもお願いをしてサインをいただいた。

日々、それを見ながら自分に言い聞かせるように「野球はひとりじゃできない」と心の中で呟《つぶや》くようにしている。

17年には第4回ワールド・ベースボール・クラシックが開催される。選ばれた選手は日の丸の重みを感じ、1戦、1戦闘ってほしい。

休日は「自分の調整」をするためにある

プロ野球の世界と一般企業との大きな違いをひとつあげるとすれば、それは定期的な休日がないことになるだろうか。

一般企業では多くの場合、原則的に土日、祝日以外にもゴールデンウィークやお盆、正月休みなどがあると思うが、**プロ野球には明確な休みが存在しないといっていい。**

自分は先発ピッチャーであるため、週に一度は完全なオフを設けられているが、リリーフ陣や野手になると、原則として毎日チームに帯同しなければならない。

ペナントレース期間中は、移動日や交流戦前後の予備日、オールスターブレイク（選ばれればもちろん休みはない）など試合がない日はあるものの、そういった場合は練習。Bクラスのチームとなると10月中旬以降は試合をすることがなくなるが、11月末までは秋季キャンプなど練習の日々。

そうなると、オフは12月から春季キャンプが始まるまでの1月いっぱいとなるのだが、1月は正月が過ぎたあたりから自主トレーニングを開始するため、実質、完全な休日は12月の1カ月のみとなる。

プロ野球選手は、年数を重ねれば重ねるほど、このオフを上手に使っていかなければならない。

とはいえ、入団したての頃はそんなこともわからなかった。

当時の若手は12月中頃まで練習。完全なオフは2週間程度しかなかったが、それでも休みに入ればすぐに実家へ帰り、野球のことなど完全に忘れて友人たちと遊びほうけていたものだ。

20代前半までは、1月31日まで軽く体を動かしている程度で春季キャンプを迎えたこともある。

野球選手の性《さが》なのか、2月1日にユニフォームに袖を通すと自然と動けるようになり、最初は肉体的につらいものの、1週間もたてば厳しい練習にも耐えられるようになってくるからだ。

それが、30歳を過ぎると次第に様相が変わってくる。

体を調整しながら使う必要が出てくる。

中堅やベテランにもなると、オフの過ごし方を首脳陣に指摘されることがだんだん少なくなり、35歳にもなればまったく言われなくなってしまう。

それはつまり、「調整を任せられる」ことの裏返しになるのだが、これはこれで慣れるまでは結構、つらいものだ。

「自由」というのは、いうなれば責任を持たされるということ。そうなると余計に自分に厳しくならなければならない。「自由」なのだが、その実、「不自由」になるわけだ。

年齢を重ねるごとに体力も落ちてくる。ということは、キャンプインしてから体を作っているようでは開幕に間に合わない。20代までは1月の半ばから始動していたのが、だんだんその期間が長くなってくる。

35歳までは1月10日前後の動き出しでよかったものが、36歳の年も同じように調整したら体の仕上がりが悪いことに気づく。そうすると、「来年は5日くらい早めにしようか」となり、今では「12月から少しずつ動いておいたほうがいいな」と思うようになった。

よく、他のベテラン選手とこんな冗談を交わすようになってきた。

「俺ら、だんだんクラシックカーみたいになっているな」

新車の場合、冬でもエンジンをかければすぐに温まるが、10年以上も運転し続けていると、10分程度アイドリングしておかなければエンジンは温まらない。それと同じ。半分冗談ではあるが、実際のところ半分は本気だ。

体も同様、すぐには温まらず急激に動かすと故障に繋がるため、早い段階からランニングなどをして体を作っておかなければならない。12月にゴルフをするときなどは、カートを使わずコースを歩くようにしていたくらいだ。これだけでも5、6キロは歩くことになるため結構な運動になる。

誰でも若いときからいきなり規則正しい休日を過ごせる人間なんていない。

でも、失敗を重ねていくうちに、休日の本当の意味がわかるようになる。こうして、自分にとっての「有効な休日の使い方」を覚えていくものではないだろうか。

第3章 変化を恐れない

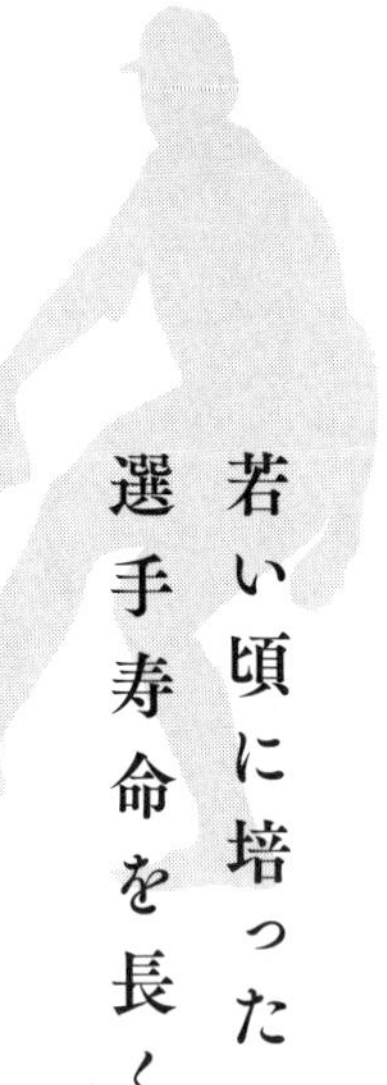

若い頃に培った「引き出し」が選手寿命を長くする

先発ピッチャーはシーズンで25試合から30試合投げるが、そのうち絶好調なのはせいぜい2、3試合。その他は、いかにして本来のピッチングに近づけるか模索しながら投げている。

ただ、模索しているだけでは打たれてしまう。本来のピッチングを試合の中で少しでも実現させなければ意味がない。

そこで重要になってくるのが修正能力。「引き出し」、「方法論」と置き換えてもいいだろう。これが多ければ多いほど、不調時の助けとなる。

自分の場合、引き出しを作ることに目覚めたのはプロ入り直後と早かった。

きっかけは、当時のピッチングコーチである小谷さん。後に自分の代名詞となる「二段モーション」をはじめ、小谷さんからは様々なことを教わった。とても厳しい方だったため、当時は「引き出し」の意味もわからず、怒られながらもただ、「小谷さんに認めてもらいたい」という一心で多くのことを吸収した覚えがある。

20代から、「先発をやる以上は完投。しかも余力を残して相手を抑えたい」という思いで、春季キャンプの投げ込みは大事だと自分に言い聞かせ、数多くボールを投げ込んでスタミナをつけていった。

コントロールにばらつきがあると思えば、体の重心移動や腕の振り方など、それが自分の理想のフォームでなかったとしても、よくなると思えば一度は試してみた。

30代になると徐々に体力が落ちてくるし故障も増えてくる。そこで、20代までのハードワークを見直し、ランニングの量を調整するなど効率のいい練習を心掛けるようになった。

体のキレが失われ本来のボールが投げられない現実に直面すれば、今まで重点的に行っていなかった短距離ダッシュなどの瞬発系のトレーニングの比率を高めるようにもしてきた。

そして、40歳になった後、新たに覚えようとしたことは休むこと。

「今日は体を動かしておきたいな」と思っても、「休むことも練習だ」と自分に言い聞かせ、休むときはしっかりと休む。練習日でも前日にランニングの量が多ければ、勇気を持って練習メニューを少なくする。

とはいえ、自分の中でそれらを効率よくできているというわけではない。「休め」と首脳陣から言われても、体が疼《うず》いてグラウンドに来てしまうこともある。そんなときはピッチングコーチのデニーさん（友利結《ともりゆい》）に「おまえ、何しに来た。今日は来るなと言ったろ」と強制的に休ませられることもあった。

だから、こう思うように努めていた。

「休めば体が軽くなる。そうなれば、明日からまたいい練習ができるし、いいピッチングにも繋がる」

引き出しとは積み重ねで増えるもの。20代から意識した引き出しは、ベテランとなった後も自分の支えになっていた。

自分は若い時期に、引き出しの重要性に気づくことができた。それは、今になってみればものすごく運がよかったのだと感じている。なぜそう思うのかというと、自分の考えと後輩たちの意識とのギャップがあまりにも大きいことに気づいたからだ。

例えば、自分がある選手に、「たまにはランニングの量を増やしてみたらどうだ？」と言う。すると、彼は「僕には合わないんでいいです」とやんわりと断られる。

それでも自分は、練習の必要性を説いた上でこう念を押す。

「合わなくてもいいからやってみろよ。おまえが経験していないことをやってみるのも悪くないぞ。今は効果がないかもしれないけど、1年後か3年後、もしかしたら5年後にその練習がおまえを助けてくれるかもしれないから」

いくら様々な方法論を学ぼうとしていた自分でも、時には「それは絶対に俺には無理」と拒否した経験があるからわかる。

自分の選択肢にない練習をしたがらないのはまだまだ若い証拠。

20代のときは体力があり、ある程度は自分の思い通りのパフォーマンスができるため、今までやってきた練習が正しいと思うだろうし、それを信じたい気持ちは理解できる。

だが、自分がそうであったように、いつか必ず、その方法が思い通りに機能しない時期に直面する。それでも、**コーチや先輩の意見を受け入れようとせず、自分だけを信じてしまったがために、若くしてプロ野球界を去っていった人間を何人も見てきた。**

だからこそ、自分は拒否されようが「鬱陶《うっとう》しいな」と思われようが、アドバイスをするのだ。「今のうちに自覚して引き出しを作っておけば、いずれ自分の思い通りにならなくなったときに助けてくれる。体力が落ちてきても、それを緩やかな速度にとどめることができる」と何度でも伝える。

確かに、現代のプロ野球には先鋭的で合理的な練習が多い。筋肉を伸縮させる過程で適切な負荷をかけることによって、より大きな力を生み出すことができるなど様々な効果がある「初動負荷理論」。神経生理学の原理を起点とし、人間の潜在能力を高め、体幹やインナーマッスルを鍛えることができる「PNF」（固有受容性神経筋促通法）など、パフォーマンス向上に役立つトレーニングが増えている。

どれも素晴らしい方法だとは思う。「あの選手がやっているから」という理由でトライしてみるのもいいだろう。

でも、**大切なのは、色々試しながら経験を積むこと。**今やっている練習法が本当に自分にとって有益なのかを見極める能力なのだ。

夏には冬物、冬には夏物の服をタンスにしまっておくのと同じ。時期がくれば必ず役に立つ。野球における引き出しも、それとなんら変わりはない。

自分にとって「核」となるものは時間をかけて身につける

2006年は、自分にとって忘れられないシーズンとなった。

二段モーション禁止――。

ピッチャーにとってピッチングフォームは生命線だ。自分にとって理想的なフォームに出会えれば劇的にパフォーマンスはよくなるし、逆に不安定なまま投げ続けてしまえば故障などにも繋がる。

自分にとって二段モーションは命そのものだった。これがあったからこそプロでそれなりの結果を出すことができたし、日本一という美酒も味わえたと思っている。

それが突然、プロ野球の審判員が「ダメ」だと決断したのだ。

この年に、プロによる初の国際大会となるワールド・ベースボール・クラシック（WBC）が開催されるのがその理由だった。

審判員の言い分はこうだ。

「今回のWBC、2008年にひかえる北京オリンピックではオールプロで参加する。二段モーションとはいわば日本だけの特別なルール。これからは、国際基準のルールに従わなければならない」

国際基準。この言葉を聞けば誰もが納得するかといえばそうではない。

そもそも、自分が二段モーションにした94年も日本で初めてのケースであったため、メジャーリーグの審判に確認したが問題ないといわれたし、その後、メジャーリーグで「二段モーション禁止」というルール変更があったことなど聞いたことがない。現に、当時、メジャーリーグで活躍されていた大塚晶則《おおつかあきのり》さんは、誰がどう見たって二段モーションで投げていた。

そしてなにより自分は、04年のアテネオリンピックで国際大会を経験しているのだ。大会ではもちろん二段モーションで投げていたが、海外の審判は誰一人として自分のピッチングフォームを指摘しなかった。

06年にもなれば、自分以外にも福岡ソフトバンクホークスの斉藤和巳《さいとうかずみ》や東北楽天ゴールデンイーグルス（当時）の岩隈久志《いわくまひさし》などが二段モーションを取り入れたことで飛躍的にピッチング技術を高め、チームのエース格にまで成長していた。自分はもとより、彼らにとっても二段モーション禁止は死活問題だったと思う。

なかでも「三浦大輔といえば、二段モーション」だったため、審判からは「まずは三浦が直すべき」と言われるし、各メディアからも「三浦、ピンチ」と報道された。

事実、ピンチだった。

二段モーションは基本、軸足とは逆の足、右投げの自分であれば左足を二度上げるため、まずは一回目に上げた足を省くのか、それとも二回目に上げた足を省くのか？同じ二度上げるのでも、自分の感覚としてはだいぶ違う。

仮に一回目に上げた足をいかしたフォームにしたとする。実際、自分と似たような形に修正した投手が審判からOKサインをもらっていたため問題ないと確信する。ところが、自分が投げると「それではボークだ」と言われる。

当時、中日のピッチングコーチを務めていた森繁和《もりしげかず》さんが、敵チームにもかかわらず自分に「ボークかそうじゃないかギリギリのところまで粘ってみたらどうだ？」とアドバイスをくれたが、結果的にそれも審判に曖昧《あいまい》にされてしまった。

審判によって解釈が違うとなれば、選手である自分はもうお手上げだった。正直、腑《ふ》に落ちないこともいっぱいあった。

だが、それを言うのをやめた。

もちろん、雑誌などのインタビューで二段モーションのことを聞かれれば、ここで述べたような不満を多少は言ってしまったことはある。

ただ、その反面、ある気持ちが次第に強くなってきた。

「自分が二段モーションのことでとやかくいってしまえば、WBCを間近に控えた日本のプロ野球にとってマイナスになる。文句は山ほどあるけど、ここはもう、ぐっと我慢して克服していくしかない」

プロのピッチャーだからといっても、そう簡単に140キロのボールを投げられるわけではない。

物理の法則と同じで、140キロのボールを投げるためには、ゼロの状態から140キロの力をボールに与えなければならない。そうなると、いうまでもなく腕だけの力では投げることなどできない。下半身から体幹、上半身、肩、肘、手首へとロスなくボールに力を伝えていかなければならないのだ。

言葉で説明するのは簡単だが、それを実際に行うとなるとプロといえども想像以上の練習が必要になってくる。

春季キャンプ、オープン戦ではビデオなどで何度もピッチングフォームを確認しながら投げ込みを行った。ボールを握っていない時間でも、シャドーピッチングをしながら自分に合ったフォームを模索した。

それでも06年は、８勝12敗という結果のとおり、新たなピッチングフォームが完成したとは言い切れなかった。そして引き続き、微調整を繰り返していったことで、翌年には11勝を挙げることができ、ようやく二段モーションの呪縛から解き放たれることができたのだ。

正直なところ、もし今後、二段モーションが解禁になったらすぐに戻すかもしれない。だが、今さらそんなことをいっても禁止という現実は変わらない。

どんな職業にも、その仕事ならではの生命線はあるはず。

もし、自分の二段モーションのように何かがきっかけで生命線が失われてしまったとしたら、新しい形が完成するまで時間がかかるだろう。

しかし、諦めず、根気強く小さなことも見逃さずコツコツと改善に取り組んでいけば、必ず結果はついてくると信じてやるしかない。

「年齢」と「経験」を積み重ねても勝てるとは限らない

数年前から、インタビューなどで「個人的な今年の目標は？」と聞かれれば、「15勝！」と答えるようにしていた。

自分は、25年のプロ野球人生で一度も15勝をクリアしたことがない。

ただ、一度「15勝」と口にした以上、今さら目標を下げるのも嫌で、その目標を掲げ続けていたのだ。

ピッチャーであれば誰でもそうだと思うが、自分だってできることなら登板試合ではすべて勝ち星を挙げたいし、その気持ちでマウンドに上がっていた。

だから、シーズンの早い段階で10勝に到達したとしてもそれほど感慨深くはないし、9勝を挙げ「2ケタ勝利も見えてきましたね」と新聞記者などから質問されても「10勝は最低目標ですから」と本心を話すようにしていた。

とはいうものの、試合に勝つことほど難しいものはない。

年間30試合近く投げるうち、調子がいいという状態はほとんどないのだ。

しかも、ピッチャーとは相手のバッターがいて初めて成り立つもの。データとして自分を得意としている選手もいれば、打率こそ低いがホームランを数多く打っているバッターもいる。年度が変われば新人が入団してくるし、新外国人選手だって数多く加入する。パ・リーグから強打者が移籍してくることもある。

では、それらを年齢や経験でカバーできるのかといえば決してそうではない。

肉体は年々衰えていくし、次々に力のある新人が入ってくる。プロ野球選手とは日々挑戦。まったく同じ対戦や結果など100%ありえないのだ。

ただ、自分の年齢と経験をチームに伝えていくことはできる。

自分はこれまでの野球人生で、優勝というものにはほとんど縁がない。

小中学校時代は、地区の小さい大会でこそ優勝したことはあるが、全国的な大きな大会では勝ったためしがない。高校でも甲子園には出られなかった。

ただ、プロでは1998年に日本一になることができた。これが意味するものこそ経験の強みだ。

勝利の喜びはなにものにも代えがたい。

当時のチームには、佐々木主浩さんや谷繁元信《たにしげもとのぶ》さんなどの先輩たちがいて、多くのことを教わった。その結果を、自らの成績に繋げることができたのだ。

あれから時が経ち、今度は自分が若い選手たちに、経験と技術を教える立場になった。

なかなか理解してもらえないと、「なんで何回言ってもわからないんだよ」と嘆きたいこともあるが、それでも教え続けること自体に意義があると思っている。

どんな組織だって、**いくら年齢や経験を重ねた人間がいたとしても、そのひとりだけでは大きな成果をあげることなどできないはずだ。**

ひとりでは勝てない。

自分は、自分のできる限りのことをチームに伝えて、全員で勝ちたいと思っていたのだ。

真似で終わらないのがプロ

子どもにとって野球が上達する大きな近道とは何か？

プロ野球選手のピッチングやバッティングのフォームを真似ることから入るのも一つの手だ。

イチローやダルビッシュ有など人気選手のフォームを真似ることは大事だと思う。彼らがなぜ、野球界で成功したかといえば、試行錯誤を繰り返した末に、自分にとって現時点での理想のフォームを見つけているからだ。

子どもは吸収が大人よりもはるかに早い。「好きこそものの上手なれ」とはよくいったもので、たとえ真似であったとしても続けることで、正しい野球の動作を身につけられることもあるのだ。

それはもちろん、プロにだっていえることだ。自分はプロに入ったばかりの頃、「低めに投げて打たせてとる」という技巧派ピッチャーとして生きていくことを誓った。

その際、自分が参考にした投手がいた。大リーガーのグレッグ・マダックスだ。

彼は、シカゴ・カブスとアトランタ・ブレーブスでプレーし、現役時代は「精密機械」と称されるほど抜群にコントロールに優れていた。通算355勝。17年連続で15勝以上をマークし、メジャーリーグのピッチャーにとって最高栄誉とされる「サイ・ヤング賞」を4年連続で受賞した経験もある伝説のピッチャーだ。

自分はマダックスに憧れた。「彼のようなピッチャーになりたい」と、ピッチングフォームを多少なりとも研究したし、投球術だって学ぼうとした。だが結局、プロは真似だけではやっていけない。

その選手の動作を自身の体に染み込ませ、違和感なくプレーできれば問題ないのかもしれない。しかし100球すべて、真似をした選手と同じボールを投げられるわけではない。

そこで重要なのは、**真似をするのではなく参考にすることだ。**目指したい選手の体の動きなどを細かくチェックした上で、自身のプレースタイルに重ね合わせてアレンジしていく。目指すところはマダックスのようなピッチャー。ただ、自分の身体能力などを考慮すると、彼をそっくりそのまま真似をしても意味がない。では、どうすればいいのか。

そこで役に立ったのが、メンタルの強化法が具体的に記された書籍、『大リーグのメンタルトレーニング』（ベースボールマガジン社）だった。

本にはこのようなことが書かれてあった。

「自分ができることを集中して行うだけ。その後の抑える、打たれるという結果はバッターが決めることである」

当たり前のことではあるが、まったくそのとおりだ。この一文に深く感銘を受けた。

球場の雰囲気やゲームの展開などによって気持ちが昂《たかぶ》ることはある。だが、そんなときこそ冷静にならなければならない。なぜなら、**いくら自分が気合を入れたところで相手あっての結果だからだ。**

自分のボールにバッターが空振りをする、もしくは見逃して三振する。1アウト、ランナー一塁の場面で「外角の変化球をひっかけさせてショートゴロを打たせてゲッツーを狙おう」と思ったところで、バッターがバットを振ってくれなければただのボール球になる。

いくらマダックスの真似をしても、こうした試合展開は自分ではコントロールできない。

ならば、せめてキャッチャーが要求した球種とコースにだけはしっかり投げよう。あとはもう、「知りません」でいい……と。

他人の真似から始めるのは否定しない。

だが人間、体つきも性格もまったく同じなどありえないのだ。せっかく個人という人格があるのだから、それを自身だけのオリジナルにしない手はない。

真似ではなく参考にし、常にアレンジをし続けることが大切なのだ。

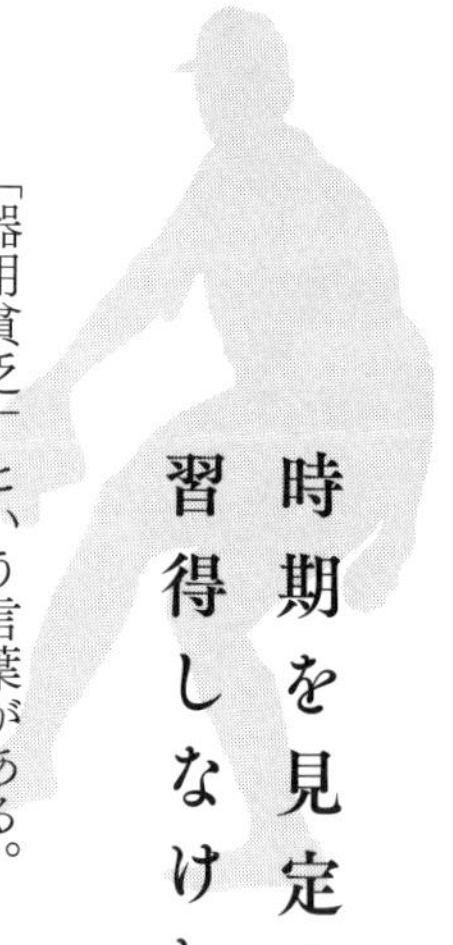

時期を見定めて習得しなければならない技術もある

「器用貧乏」という言葉がある。

器用であるが故に、どんなことでも早く習得できてしまうのはいいことだ。ただ、それはほとんどのケースですべてが平均止まりで終わる。

プロ野球の世界にも、なんでもそつなくこなせてしまう選手はたくさんいる。

例えば変化球。カーブにスライダー、ツーシーム、カットボール、シュート、シンカー、フォーク、チェンジアップ……。多彩な球種を操ることで、より相手を惑わすことができるが、それらを完璧に使いこなすとなると容易な作業ではない。だから、ほとんどの変化球が中途半端な精度で終わってしまう。

自分にもいくつか変化球はあるものの、果たしてそれらが完璧に使いこなせるかといったらそうとは言い切れないだろう。

しかし、自分は器用貧乏だとは思いたくない。

それは、**自分にとって「これだ」と確証を得るまでは、決して安易に変化球を投げてこなかったからだ。**

プロ入り当初、自分にはカーブとスライダーとフォーク、大きく3種類の変化球があった。当然、プロで生きていくためには「もっと変化球を覚えないといけない」と感じた時期もあり、シュートをマスターしようと試みた。

ところが……まったくボールが変化しない。

「ダメだな、これは」。

最初こそ、「自称シュート」として投げた試合もあったが、一流のバッターと対峙した際に使っても通用しないことはわかっていた。そこで考えた。

「シュートを覚える前にもっとやらなければならないことがあるだろう」

それは、自分の持ち球であるスライダー、カーブにもっと磨きをかけることだった。

ベイスターズの先輩である大魔神・佐々木さんは、フォークという絶対的な武器があったおかげで最強のストッパーになることができた。

変化球の種類だけが一流投手の条件ではないのだ。

自分は佐々木さんのような圧倒的な力があるわけではないが、プロで年数を重ねるごとにスライダーやカーブはある程度、自分の思い通りに操ることができるようになった。

だが、**1年でも長く先発で投げ続けるためには成長を止めてはいけない。**2005年、自分は若いときに封印したシュートを覚える決断をした。

前年オフにたまたま見たスポーツバラエティがきっかけだった。そこでは、現役時代に「シュートの達人」と称された元巨人のエース・西本聖《にしもとたかし》さんが出演されていた。西本さんはこう言った。

「シュートを覚えれば10勝はできる」

シュートの主な効力は、右ピッチャーであれば右バッターの内角、つまり懐に鋭くボールが曲がるため、内野ゴロで打ち取りやすい。打たせて取るピッチングを身上とする自分にとっては最適の球種でもあった。

しかし、ひとつ問題があった。

それは、シュートは右方向に変化する球種のため、腕を無理に捻《ひね》ると、肘への負担も増し故障の可能性も出てくる。

だが、西本さんは番組内で「縫い目を工夫すれば肘を捻らなくてもいい」と言った。

「なるほど。俺もそろそろシュートを覚えようかな」

自分にとって運がよかったのは、05年からピッチャー出身の牛島和彦さんが監督に就任したことだった。

ボールの握りからリリースポイント、ボールの曲がり具合など、様々な観点から牛島監督に指示をいただき、シュートを自分のものにすることができた。


実は、シュートを覚えたのは、ピッチングの幅を広げる以外に大きな目的があった。

それは、相手チームへの意識付けだ。

春季キャンプには他球団のスコアラーと呼ばれる偵察隊が頻繁に訪れる。自分がブルペンでシュートを見せることで、スコアラーさん達は「今年の三浦はシュートもある」とチームに報告してくれる。

実際、自分もスポーツ紙などのインタビューでは「今年はシュートでバンバン相手バッターの懐をえぐります！」と強調したものだ。

正直、習得したといっても、シュートを絶対的な位置まで昇華させるには時間が足りなすぎる。だからシーズンでは、そこまで多投はしなかった。

しかし、「ウソも方便」でまわりにシュートを印象付けることによって、試合でもそのボールを意識してくれるようになる。そうなれば、元から自分の持ち球だったスライダーがさらにいきてくる。

この年、自分は12勝を挙げ、最優秀防御率と最多奪三振のタイトルを獲得することができた。そのことが直接的な要因ではなかったかもしれないが、少なからず効果は発揮したと思っている。

余談だが、この年のオフに西本さんとお話しする機会があり、「あの番組でシュートを覚えて12勝できました！」と報告すると、「そうだろ！」と喜んでくれた。

一度に多くのことを習得しようと欲張ると、「器用貧乏」になってしまう恐れがあるが、時期を見定めたうえで多くのことを吸収して効果的に利用していけば、それは本当の器用になる。

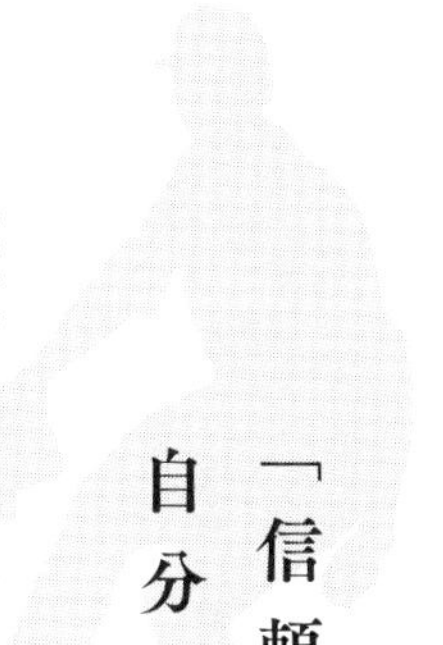

「信頼関係」が自分を成長させてくれる

仕事での信頼関係とは、自分の築いたものを下に渡していくものではないか、と自分は考えている。野球においてのそれは、ピッチャーとキャッチャー。すなわち、バッテリーの信頼関係。

キャッチャーは、「扇の要」「グラウンド内の監督」などと表現されるように、ゲームの絶対的な司令塔だ。プロ野球では「キャッチャーが一人前に育てばチームは10年間、安泰だ」といわれるほど重要なポジションでもある。

だからといって、ピッチャーはすべてにおいてキャッチャーの指示に従わなければならないわけではない。自分が若いときにキャッチャーから学んだ経験を、今度は若いキャッチャーに還元していく。そうすることによって、同じように信頼関係を築いていけるのだと思う。

自分を最初に育ててくれたキャッチャーは谷繁元信さんだった。

谷繁さんは、40歳を越えても中日ドラゴンズのレギュラーとして活躍され、「球界随一の頭脳」と呼ばれたほどの名キャッチャーだった人だ。自分と谷繁さんとの歳の差は3歳。今でこそ、親しく会話をすることもできるが、入団した当時はかなり厳しくピッチャーとしてのあり方を教えられたものだ。

谷繁さんとバッテリーを組むようになったのは2年目のシーズンから。当時はまだ駆け出しだったが、谷繁さんは一軍のレギュラーになろうとしていた。

「え？　ここでボール球？」

キャッチャーの意図がわからず、ボール要求のサインなのに、ストライクゾーンにボールを投げてしまい、打たれる。

「おい！」

ホームベース上で谷繁さんがすごい剣幕《けんまく》で自分を怒鳴りつけてくる。自分にしてもマウンド上では闘志をむき出しにして投げているため、いくら先輩の叱責とはいえおどおどした態度を見せるわけにはいかない。

ひとしきり怒鳴られた後、谷繁さんに背を向けスコアボードを見つめる。

「そんなに怒らんでもええやろ！　こっちだって一生懸命、やってるわ！」

そう、ぶつぶつ文句を言いながらも、実際には怒られた意味を理解していなかった。

しかし、自分も負けず嫌いだったため、谷繁さんに怒られっぱなしでは悔しい。ピッチングコーチの小谷さんに対してもそうだったように、その感情はいつしか「谷繁さんにも認めてもらいたい」と前向きに変化していった。

そう思えるようになってからは、自分が登板した試合のビデオを必ず見るようになった。配球パターンや相手バッターの反応。そのボールは空振りをとりたいのか見逃しを狙っているのか？　はたまた様子を見たくてボール球を要求したのか、ファウルを打たせようとしていたのか？　マウンド上ではわからなかったが、自分のピッチングと谷繁さんのリードを客観視していくうちに、だんだんその意図を理解できるようになった。

「谷繁さんがやりたかったのはこういうことだったんだ。そうか、あそこでわざとボール球を投げさせたのはファウルを打たせて相手の出方を見たかったんだ」

初めて、プロのピッチングを理解できるようになった。

だからといってすぐに谷繁さんのリードを試合中でも理解できるようになったわけ

ではなかったが、試合を重ねるごとに確実にその数は増えていった。

「カウントは1ボール、2ストライクか。次はボール球のスライダーを投げて相手が狙っている球を観察するのもいいな。いや、もしかしたらフォークでもいいかもしれない」

フォークのサインが出る。

「よっしゃ！」。自分は心の中で気合を入れる。

信頼関係とはすなわち、選択肢を増やすことでもある。野球の答えはひとつだけではない。有効とされるいくつかの解答を用意しておけば、予期せぬサインが出ても、うろたえることなくスムーズにピッチングに入ることができる。

4年目の1995年になると、ほとんどサインの食い違いはなくなった。ここで初めて、谷繁さんに少しは認められたのだと確信した。

その谷繁さんが、02年にFAで中日へ移籍した。

谷繁さんとは敵同士になってしまったが、**チームとしてバッテリーの信頼を持続させることはできる。**

このとき、ベイスターズにはレギュラー候補の相川亮二《あいかわりようじ》がいた。キャッチャーとしての経験は少ない。だが、谷繁さんにもまれながら成長できた自分がいる。今度は亮二との信頼関係を築いていこう。そう決めた。

亮二は素晴らしかった。自分は谷繁さんに怒鳴られ続けたことでビデオでピッチングを見直す、という手法にたどり着いた。しかし亮二は、自分に何も言われなくともビデオを見てピッチャー陣の特性を見定め、相手データを見ては徹底的に研究してくれた。

もちろん最初から阿吽《あうん》の呼吸でピッチングができたわけではなかったが、亮二はことあるごとに自分を含めたピッチャーに声をかけ続けた。

なぜ、彼が自然とそういうことができたのかといえば、谷繁さんという大きな存在を見ながら育ってきたからだろう。亮二も、自分が見ていないところでは谷繁さんに怒鳴られたはずだ。もしかしたら、そこで様々な手法を学習していったのかもしれない。

だが彼は、それを表に出さず、ピッチャーとの信頼関係を深める努力を怠らなかった。

自分は、彼がいたからこそ05年にタイトルを獲れたと思っている。亮二とは、互いに協力し合って信頼関係を築いていけたのだ。

当時のベイスターズにとって不運なのは、そのような亮二の姿を長年見続けてきたキャッチャーがいないことだ。

細山田武史《ほそやまだたけし》に黒羽根利規《くろばねとしき》など、横浜にはレギュラー候補のキャッチャーが数多くいた。しかし、亮二が09年にFAでヤクルトへ移籍してしまったことで、彼らは満足に先輩から学ぶことができなかった。

だからといって「かわいそうだ」と同情しているわけにもいかない。絶対的なキャッチャーが育ってくれなければ、チームが強くなる可能性はひとつ減ってしまうのだ。

12年、チームは大英断に踏み切った。高卒ルーキーの髙城俊人《たかじょうしゅうと》をスタメンで抜擢したのだ。髙城本人はもちろん、これはチームにとっても自分にとっても大きなチャンスだ。

若いときは谷繁さん主導、中堅になってからは亮二とともに。そしてベテランとなった今、今度は自分が主導権を握って、髙城はもちろんのこと、他のキャッチャーた

ち と信頼関係を結んでいこう。そう決めた。

もちろん簡単にはいかない。

かつて、工藤公康《くどうきみやす》さんがダイエーホークス（現・福岡ソフトバンクホークス）に在籍していたとき、当時、若手有望株のキャッチャーだった城島健司《じょうじまけんじ》は、工藤さんから徹底的に指導されたといわれている。

有名なエピソードを挙げれば、工藤さんは、「それは違う」と思っていても、城島のサインに絶対に首を横に振らなかったそうだ。その結果、相手バッターにホームランを打たれてしまっても、工藤さんは「なぜ、今のボールが打たれたか」ということを城島に身を以《もっ》て教えたかったからだ。

さすがに自分はそこまでできないが、できるだけ自分の意図をはっきり伝えようと心掛けていた。

怒ることは簡単だ。しかしそれでは、スタメンに抜擢され「やってやろう！」とギラギラと闘志を燃やしている高城の前向きな気持ちに水を差しかねない。

ダメなときは何度でもサインに首を振り続けるし、叱責することだってあった。だが、そればかりに固執してしまっては、ピッチングのリズムが悪くなるし、テンポもおかしくなる。つまりは、自分にも悪影響を及ぼしてくるのだ。

いくらベテランだからといって、自分が「キャッチャーを育ててやる」といった不《ふ》遜《そん》な考えを持ちたくない。自分が主導となっても、あくまで信頼を築いていく関係でいたい。

バッテリーとは、年齢が離れていても大切な仕事のパートナー――。そのことだけは常に意識してやってきたつもりだ。

若手が放つ「ギラギラ感」を一生忘れない

プロ野球でいえばルーキー、一般社会でいえば新入社員になるが、彼らは未熟なのが当たり前。自身が戦力として加わる組織のこともほとんど知らなければ、業務実績は皆無だ。まだまだだ、と思われてもしかたがない。だが、彼らはどんな先輩たちにもない、とても大切なものを持っている。

それは、**「ギラギラ感」**だ。

ルーキーたちには希望がある。「この世界で絶対に成り上がってやる！」という意思が全身から満ち溢れ、闘争心も充満している。自分は、そういう彼らの「ギラギラ感」を目にするたび、「俺もプロに入ったときはそうだったな」と初心にかえる。

それがあったからこそ、25年間も現役でいられたと思っている。

「プロ野球選手」は野球でお金をもらっている。だが、感覚としては個人事業主と同じなのだ。

プロ野球選手は正規雇用者ではない。球団から「あなたの技術を売ってください」とスカウトされ入団する。そして選手は、原則として1年ごとに翌年もその技術を買ってくれるか交渉をする。球団が「いいよ」と言ってくれれば引き続き契約してもらえるし、「けっこうです」となればクビ。つまり契約解除だ。

本当にシビアな世界なのだ。

ただ、春季キャンプが始まりシーズンが開幕する。一軍であれば年間144試合をこなし、ペナントレースが終われば秋季キャンプ。そして12月からはオフに入り、1月の上旬からの自主トレーニングを経て2月の春季キャンプイン。そんな日常が2、3年も続けば、プロ野球選手といえども、**契約してもらえることが当たり前だと錯覚してしまう。**

「やっと今年も終わったな。しばらくはオフだ」

そんな安穏《あんのん》とした気持ちでいると、不意に球団からクビを言い渡されたときどうしていいかわからなくなってしまう。「俺はまだやれる」。そう思って他球団の入団テストを受けても、獲得してもらえなければ志半ばでの引退を余儀なくされる。

プロ野球では1年に各球団を10人ほどクビになるため、現役生活21年目の自分は、約200人ものそういった選手を見てきたことになる。

1年目はギラギラと闘志を漲《みなぎ》らせ、どんな打球も体で止めにいっていた。それが、一軍の試合に出るようになると2年目、3年目にはそれをしなくなる選手もいる。

「なんでやらなくなったんだ？　昔はどんなボールでも食らいついていっただろう。おまえ、試合には出ているかもしれないけどレギュラーじゃないんだぞ。勘違いするなよ。まだまだだぞ」

これらは本来、自分で気づいていかなければならないことだ。が、これ以上、志半ばで涙を流しながらプロ野球界を去っていく選手を見たくはない。だからこそ、若い選手、特に一軍の試合に出て1、2年目の選手に対してはそう伝えるようにしていた。

横浜の選手で例を挙げるとするなら、当時3年目の国吉佑樹《くによしゆうき》と1年目の髙城俊人だ。

特に国吉は、育成枠として入団した選手。育成枠とは、1球団70名の「支配下登録枠」ではなく育成目的で獲得された選手のこと。一般企業でいう非正規雇用者に近いのかもしれない。

彼らに与えられた時間はわずか3年。その間に支配下登録されなければ自動的にクビになる。

支配下登録との大きな違いは、一軍の試合には出られないこと。そして、背番号は3ケタであることだ。

ただ、日々の練習や二軍での試合は支配下登録選手と一緒のため、時間がたつにつれてその意識が薄れてくる選手もいるらしい。

だから自分は、国吉にこう言ったことがある。

「おまえは育成枠で支配下登録の選手とは違うんだ。結果を残さないと3年でクビになるんだぞ。練習はみんな一緒かもしれないけど、立場は明らかに違う。だから支配下登録の選手と同じことをやっているだけではダメだぞ。そこはちゃんと理解しろよ」

彼は彼なりに頑張った結果、2年目の後半戦には支配下登録され、3年目は一軍の先発ローテーション投手となった。

高城は、国吉と違って支配下登録選手だ。しかもドラフト2位と、入団直後の期待値は自分なんかと比べても彼のほうが断然高いといえるだろう。

もちろん実力はある。

そして、それ以上に高城は、2012年のルーキーの中では特にギラギラしながら野球に打ち込んでいる。自分から見ても、「プロ野球の世界で成り上がりたい！」という気持ちがビシビシと感じられる。

首脳陣も自分と同じように、彼のその心構えを認めたため「高城をなんとか育てよう」と、高卒ルーキーにもかかわらず一軍で数多くの試合を経験させているのだ。

だからこそ、自分は高城にもはっきりと告げた。

「今の気持ちを絶対に持ち続けろよ。おまえは高卒ルーキーだけど、一軍の試合を多く経験したから年俸も上がるだろう。この先、もっと結果を出していけばイベントやテレビにも出られるだろう。そうなれば、必ずまわりからちやほやされるようになる。でも、そこで絶対に勘違いするなよ。今の気持ちを忘れて本来やらなくちゃいけないことを疎《おろそ》かにしたら終わるぞ。『自分の代わりなんていくらでもいるんだ』と思って頑張れ。次の年になればキャッチャーだってとるだろうし、他のチームからだって移籍してくるかもしれない。プロは厳しいぞ。まわりから相手にされなくなってからじゃ遅いんだぞ」

偉そうに思われるだろうが、彼らにそう言い続けているのは、自分に対して言い聞かせるためでもあった。

自分もいつまでも第一線で活躍したいし年俸だって多く稼ぎたいと思っていた。タイトルだって獲りたいし、優勝したときにはチームの中心にいたい。だからこそ、入団した当時の「ギラギラ感」を忘れずにいることが必要だと、自分に言い聞かせていたのだ。

昔の「カッコ悪い自分」を封印しない

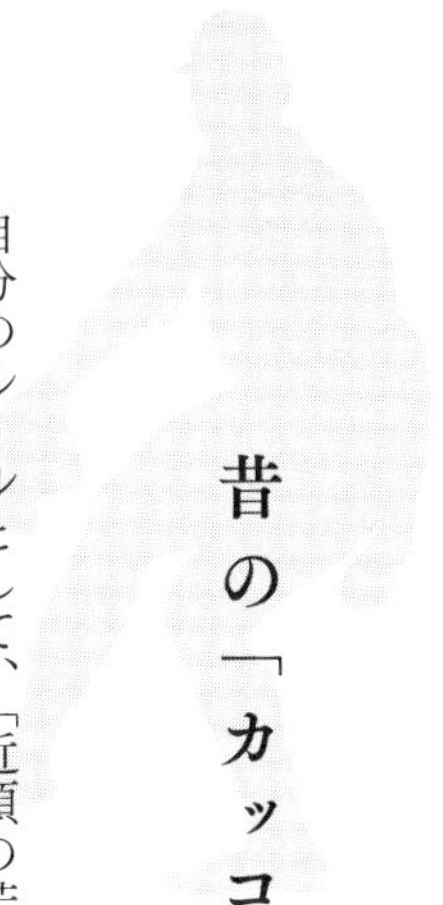

自分のルールとして、「近頃の若い奴は……」と思っていても、極力、口には出さないようにしている。なぜなら、自分自身も若いときにそう言われるのが嫌だったし、それ以前に自分のことを棚に上げているように思えるからだ。

「おまえは若いとき、よく走らされていたよな。キャンプとか特に、みんなが帰った後も延々とランニングしていたよな」

佐々木主浩さんからは、よくこんなことを言われる。

当時は、「上の人間って、自分のことをどう見ているのかな？」と思っていたこともあったが、佐々木さんから初めてそう言われたときは、「みんなが『近頃の若い奴は』と思っているわけではないんだ」と実感したものだ。

自分だけではなかったが、「特別強化指定選手」のごとく、当時の若手ピッチャーがとにかく走らされていたのは事実だ。

今も昔もピッチャーにとってランニングは重要な練習のひとつだ。現在では、科学的なトレーニングが増えたことで合理的なメニューが組まれることが多いが、時には**がむしゃらに理屈抜きで走り続けることによって、精神面が鍛えられるのかもしれない。**少なくとも自分の場合はそうだった。

ただ、「だから走れ」と、頭ごなしに若い選手に言うつもりはない。理屈抜きでがむしゃらに走ることがカッコいいのか？　昔、自分がやってきたことはすべて正しいことなのか？　**人間というのは、過ぎ去った時代を美化したいものだが果たしてそれでいいのかと疑問に思うからだ。**

少なくとも、自分の過去、特に高校時代は究極にカッコ悪かった。

高校1年のとき、自分は1カ月ほど野球部の練習をサボり続け、その間、部活をしていない友人たちと遊びほうけていた。当然、何人もの教師から怒鳴られ、親が学校に呼び出される。そのたびに母親を泣かせてしまった。

やったことに理由なんてない。単純に「面白そうだから」。友だちと行動を共にし、学校ではいたずらを繰り返す。当時はそういった行為が「カッコいい」と思っていたし、楽しかった。

だが、野球部の監督やチームメイトたちの体を張った説得、そして、教師や友人から「信用されていない」と気づいてからは、それがいかにカッコ悪い行為だったのかを痛感させられ、徐々にではあるが改心していったつもりだ。

そのような苦い経験を通じて感じるのは、「じゃあ、今の若い人間は自分たちと本当に違うのか？」ということ。

きっと、具体的な中身は違ったとしても、やってきたことはそこまで大差ないだろう。いくら生徒への体罰が厳しく咎《とが》められる時代であろうとも、多少は教師から叩かれた経験はあるだろうし、ケンカをしたこともあるはずだ。

大事なのは、時間を重ねるごとに過去の経験をいかして成長することだ。

失敗は誰でもある。それを「近頃の若い奴は」で片付けるのはどうかと思う。反省して、失敗を成長につなげればいい。自分も通ってきた道だ。

人を自分の価値観だけで決めつけるようなことはしたくない。

病気を力に変える

プロ野球選手にある程度の怪我はつきもの。だが、さすがに病気となると話は別だ。自分はプロ3年目の1994年、突然、肝機能に障害をきたす病気を抱えてしまった。

この年は、開幕から先発ローテーションを任され、4月にプロ初完封を達成するなど、順調な滑り出しを見せていた。

そんな矢先、遠征先の広島で異変が起きた。

数日前から体調はすぐれなかった。「体調悪いな……」そう感じながらも、若さとプロの責任感からか、ユニフォームを着ると自然と体だけは動いた。しかし、練習が終わりひとたびユニフォームを脱ぐと、どっと虚脱感に襲われる。

そして夜、ついに体が悲鳴を上げた。それまでは単なる疲労の蓄積だと思っていたのが、この日の夜はいつもの調子ではない。なかなか寝付くことができない。ようやく寝付いたかと思えば、突然、吐き気をもよおし目が覚める。トイレでうずくまりながら、「これは絶対におかしい」と頭を抱える。

翌朝、前日の夜のことをトレーナーに話すと、「すぐに病院へ行け」と言われた。病院で血液検査をすると、結果は即入院。

「肝機能障害の疑いがあります」と医師は言う。

さらに詳しく尋ねると、「伝染性の単核症で、疲労がたまったことで免疫力が低下し、ウイルスが肝臓などに侵入してしまった。その結果、肝機能の数字が急激に上がっていた」のだと説明された。それまで風邪以外の病気をしたことがなかったので、こたえた。

体温は上がる一方で、ベッドの上でうなされる日が1週間も続いた。

「俺、死ぬのかな？……」

病気に対する免疫もなかったため、真剣にそう不安になったものだ。

でも、不安な日々を過ごしつつも、安静にしているうちに体は次第に生気を取り戻し、食欲も旺盛になってきた。「もう治った」。そう思ったところで、「肝臓の病気は自覚症状がない。しかも、まだ数値は高い」との理由から、1カ月近く入院せざるを得なくなった。

この年は病気の影響で2勝2敗と成績は振るわなかった。

以来、肝機能の障害は隔年で自分を襲ってきた。95年は8勝8敗と前年の借りを返したものの、96年には再び発病し5勝10敗。病気を恨んだ。

95年のオフに結婚し、「これからは女房のためにも頑張らないとな」と躍進《やくしん》を誓った矢先にこの有様。自分も多少は落ち込んでしまったが、それ以上に気落ちしたのは妻のほうだった。

プロ野球選手というのは、結婚して成績が下がると選手以上に妻が批判の対象になることが多々ある。それが最もつらかった。

妻は頑張ってくれている。肝機能の数値を下げる特効薬はなく、医師から「バランスのよい食事が一番です」とアドバイスを受ければ栄養士の下で勉強し、食事にまで気を配ってくれていた。

「女房のせいだと言われてどう思う？　成績が悪いのは俺のせいだろ。たとえ自分がそう思っていなくても、まわりから女房を悪く言われたら旦那の三浦大輔の責任だ」

そのときは隔年で病状が表れることなどわからなかったため、「体調が少しでもおかしくなってきたらすぐに病院へ行こう」と常に意識するようになった。

そして98年、三度目となる異変が起きた。この年も序盤から調子がよかったため「またかよ」と苛立ったものだが、すぐに「よし、今度は1週間で治す！」と治療に専念した。

その結果、シーズン12勝とチームの日本一に貢献できたとともに、肝機能障害の呪縛からも解き放たれ、頑張ってくれた妻にも報いることができた。

さらに、5年以上も抱えていた肝機能の病気も00年あたりになるとほとんど症状が表れなくなった。

しかし、この病気のおかげで自分の体調の異変に敏感になれたのは、大きなことだった。健康を過信せずに気を配ることは、プロとしても大切な心構えだと思う。

また、もう一つの収穫として、身近な人のありがたみがわかったことがある。

どんな病気でも気合で治せたら医者などいらない。

だから自分は、こう思うようにしていた。病気になったらそれを素直に受け入れよう。

ただ、そこには必ず心配してくれる人たちがいて、1日でも早い回復を願ってくれる家族やファンがいる。自分は、みんなのためにもすぐに病気を治し、遅れた分を野球で返さなければいけない。それが、病気の自分を支えてくれたみんなへの一番の恩返しになるのだ、と。

第4章 運の引き寄せ方

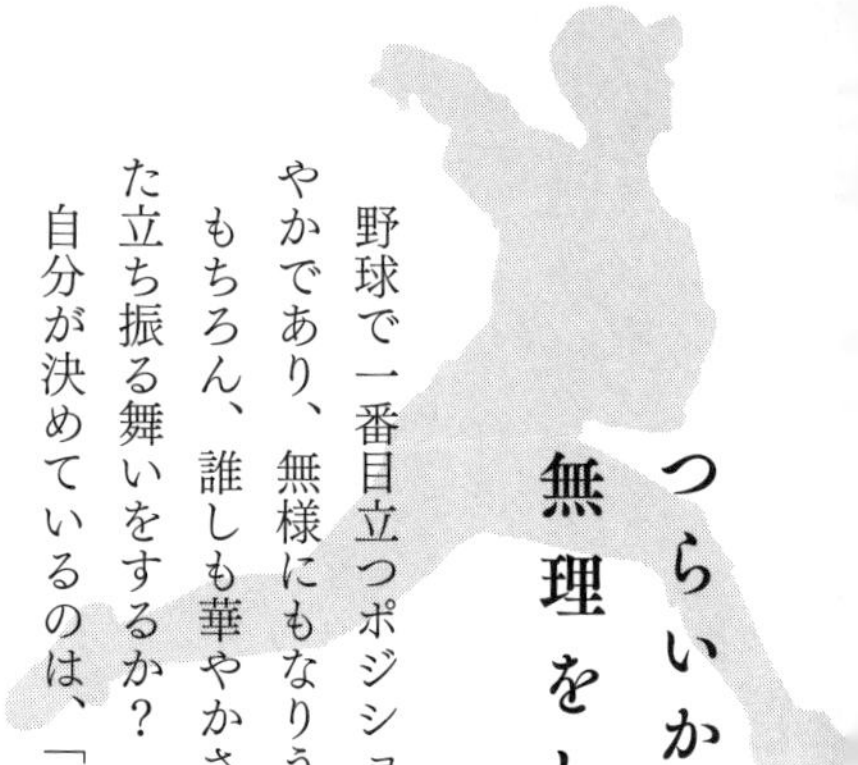

つらいからこそ無理をしてでも前を向く

野球で一番目立つポジション。それはもちろんピッチャーだ。一番目立つが故に華やかであり、無様にもなりうる。

もちろん、誰しも華やかさを求めるものだ。しかし、無様になったときにどういった立ち振る舞いをするか？

自分が決めているのは、「グラウンドでは絶対に膝をついてうなだれない」ことだ。

2005年4月1日。

ナゴヤドームでの中日との開幕戦。8回まで無失点、許したヒットも2本と、上出来のピッチングを続けていた。

しかし、味方打線も相手エースの川上憲伸《かわかみけんしん》に無失点に抑えられている。試合は膠《こう》着《ちゃく》状態《じょうたい》のまま9回裏に突入した。

川上との我慢比べだった。自分は「9回を抑えて延長戦も投げ切ってやる！」と強い気持ちを胸にマウンドへ上がる。ところが、先頭の立浪和義《たつなみかずよし》さんにスリーベースヒットを許してしまいノーアウト三塁の大ピンチを迎えてしまう。

ベンチからは、「次から二人を敬遠して満塁」との指令が出る。1点奪われてしまった時点でサヨナラ負けのこの状況なら、ベースをすべて埋めることが得策だ。内野ゴロなどでダブルプレーをとりやすい。自分は指示に従い、ふたりを歩かせた。

迎えるバッターはアレックス・オチョア。この日は三振、フォアボール、サードゴロと抑えていたため特別気負っていたわけではなかったが、カウントを3ボール、2ストライクのフルカウントとしてしまった。

シーズン最初のゲームで押し出しフォアボールによって負けてしまえば、2戦、3戦目も悪い雰囲気を引きずってしまう可能性がある。自分としても、勝負から逃げたような結果だけは避けたいと思っていた。

それが、裏目に出てしまった。アレックスにファウルで粘られる。ここまで来たらボールゾーンに投げることはできない。そうなると選択肢は限られてくる。ストライクゾーンでの勝負――。

「打てるもんなら打ってみろ！」

渾身のストレートをアレックスにものの見事に外野に運ばれた。この時点で最低でも犠牲フライになるためサヨナラ負けは決まったようなものだった。しかし、打球はそのままぐんぐん伸び、スタンドまで到達した。

サヨナラ満塁ホームラン。

全身の力が一気に抜け、膝から地面に崩れ落ちそうだった。しかしその刹那、様々な思いが自分の中に去来《きょらい》した。

もしこれが、シーズン最後の優勝決定戦であったり、日本シリーズ第7戦であったなら、マウンド上で抜け殻のようになっていたかもしれない。しかしまだ開幕戦。これから20試合以上も中日と戦わなくてはならないため、絶対に敵に弱みを見せたくない——。

さらに、この年の春季キャンプでの牛島和彦監督の言葉も瞬時に思い出した。

「どんなにつらいことがあっても、最後まで諦めず前を向いて頑張ろう」

自分の持ち味は、マウンド上で常に逃げ隠れしない強気な姿勢ではないか。どこまでもツッパって、**打たれても心までは折られない。そんなピッチャーでいたい**。そう思っていたはずじゃなかったのか。

なにより、自分を応援してくれたファンの前で情けない姿など見せられない。

膝に力が入りだす。「絶対に下を向かない」。そう、自分に何度も言い聞かせながら、前を向いてベンチまで戻っていった。


このときの自分の行動は、はっきりいって意地以外の何ものでもない。事実、ロッカーに戻った瞬間、椅子に座りうなだれた。

人前で感情を表すことは決して悪いことではないと思う。

ただ、**どんなにつらいときでもしっかり前を向ける意識を持ち続けていれば、度胸がつく。度胸がつくということは何事にも強い気持ちを持って臨める、ということだ。**

自分がこの年に最優秀防御率と最多奪三振のタイトルを獲れたのは、「負けても絶対に下を向かない」と強く念じてマウンドに上がり続けた結果だと思っているし、チームだって3年連続最下位から3位まで躍進することができた。

諦めずに前を向き続けていれば、必ず結果はついてくるのだ。

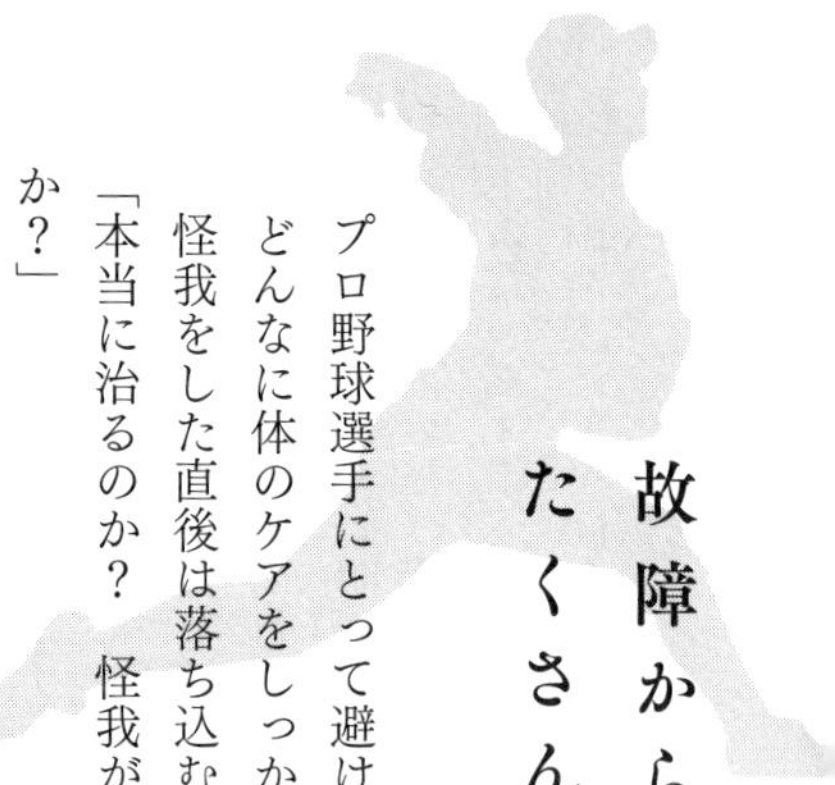

故障からも、学べることはたくさんある

プロ野球選手にとって避けてはとおれないアクシデントのひとつに怪我がある。どんなに体のケアをしっかりしていても必ずどこかが悲鳴を上げているものだ。

怪我をした直後は落ち込む。

「本当に治るのか？　怪我が完治したとしても今までのようなピッチングができるのか？」

自分にとってそのような思いを初めて経験したのは２００１年だった。

この年は、開幕から着々と勝ち星を重ねており、負けてしまった試合でもしっかりとゲームを作れることが多かった。そんな矢先、東京ドームでの巨人戦で異変が起きた。

5回を過ぎたあたりから右肘に張りを感じ始めた。いつものような疲労からくるものでないことはすぐにわかった。それでも6回にマウンドに上がったが、ボールを投げた瞬間、肘がつったような痛みに襲われ、投げられなくなってしまった。

試合後、このときはまだ左ハンドルでマニュアルシフトのコルベットに乗っていたため、帰りの運転がつらい。加速に減速。ギアをシフトするたびに右肘に激痛が走る。

「これからはもう、マニュアル車は運転しないほうがいいかもしれないな。肘に負担がかかりすぎる」

些細なことだが、こんなところでも意識改革が芽生えたものだ。

翌日病院に行くと、肘の炎症といわれた。

約1カ月後の広島戦には炎症を治し、序盤は肘を庇《かば》いつつもごまかしながら投げられていたが、ゲーム中盤に差し掛かると痛みが増し、力が入らない。森祇晶監督に「代えてください」と降板を直訴することとなった。

病院で検査をすると、右肘の剥離骨折だと診断された。

そしてこの年のオフ、人生で初めて手術をすることとなった。

術後、「ちゃんと投げられるようになるのか？」と不安になった。完治までは半年ほどかかると言われたため、「このまま忘れ去られてしまうんじゃないか」と恐怖心に苛まれることさえあった。だが、リハビリ中にトレーナーや妻が「焦るな」と自分を諭してくれたことが励みになった。

このとき28歳。ピッチャーとして心身ともに充実していたため、どうしても頭より体が反応する。しかし、**焦っていい結果が生まれた試しなど一度もない**。それは自らのピッチングでも何度も経験している。だから自分は、「投げたい」というはやる気持ちを抑えながら回復に努めた。


焦らずに我慢する。

この怪我の経験をいかすことができたのは08年だった。

タイトルを獲得した05年に初めて投球回数が200イニングに到達し、06年も200回を超えるイニングを投げた。春季キャンプからしっかりと投げ込みを行っていたため、自分では「スタミナがある」と信じていた。

しかし、それは間違いだった。

06年の後半あたりから薄々感じていたが、07年になるとボールに勢いがないことが自分でもはっきりとわかる。それでも、この時点ではまだ体に異常は見られなかったためシーズンを通して投げ切ったが、11勝13敗と結果は伴わなかった。

そして、08年、5月28日の大分でのソフトバンク戦。試合開始前から土砂降りの大雨だったが、試合が中止になる気配はない。

グラウンドコンディションは最悪だった。

足元が滑って下半身の踏ん張りがきかない。自然と上半身の力だけでボールを投げるため、いつもより余計に肩に力が入る。4回を投げ6失点。敗戦投手となった。

異変はすぐに訪れた。翌朝、目が覚めると肩が上がらない。当然、キャッチボールもできない。病院で診察を受けると「右肩に水がたまっている」と診断された。

「昨日の雨水でもたまったかな……」

今振り返れば、「勤続疲労」だったのかもしれない。05年から3年間のトータルで600イニング以上も投げているのだ。継投が主流の近代プロ野球では滅多に達成できない数字といっていいだろう。

当時は、無理をした部分もあったが、01年の肘の故障が自分を冷静にしてくれたのもまた事実だった。

まずは、右肩の痛みが癒えるまで安静にする。少しでもボールを投げられるようになったらオーバーワークにならないよう注意する。かといってあまりにも筋肉に刺激を与えなすぎると急激に衰えてしまう。

トレーナーや自分の体と相談しながら回復に努めた。その結果、翌09年には11勝を挙げることができた。

怪我は自分の歩みを止めてしまう、と思いがちだ。ただ、そこから学べることはたくさんある。それがあったからこそ、最後まで先発として投げ続けられたのだろう。

試合の流れを変えるために、集中できる「場所」を作っておく

人間がやることに「完璧」などありえない。

野球もそうだ。だから面白い。

先発として1試合で100球以上も投げれば、何球かは必ず「投げ損じ」が出てくる。例えば、外角低めのカーブが真ん中へ甘く入り「ヤバい！」と思っても、その球種がバッターの狙っていたボールではなく簡単にストライクがとれてしまったり、力んでファウルを打ってくれたり。

内心では「助かった……」とホッとするだろう。だが、そこで終わらせてはダメだ。

たいていの場合、そういった投げ損じは痛打される。それがプロというものだ。

「100球のうち99球が最高のボールでも、たった1球の失投が負けに繋がる」

野球とは失敗するスポーツ。「バッターは3割を打てれば一流だ」といわれているが、裏を返せば7割は失敗していることになるわけだ。

だからこそ、確率を高めるというよりも、いかにしてその失敗を最小限にとどめるかに重点をおくことが求められるといえる。

失敗は覆らない。大事なのは、その後、同じ失敗を繰り返さないためにどうするかだ。

自分にとってのそれは、**グラウンドに「スポット」を作ることだ。**マウンドのピッチャープレートの後ろにはスプリンクラーを収納するスペースが設けられている。自分は、失点した後やピンチを迎えた場面などになると決まってその上に乗り、気持ちをリセットするようにしていた。

きっかけは、『大リーグのメンタルトレーニング』を読んでからだった。

〈自分がリセットできるスポットを作りなさい〉

人間の気持ちは乱れるもの。そんなときこそ、リセットできるスポットを作って気持ちを落ち着かせるべきだ——。本にはそのように書かれてあった。

最初のうちは、グラウンド内で見つけるべく様々な場所を探したものだが、結局、そんなものは意識したところで作れるものではない。自然と生まれるもの。それが、自分にとってはスプリンクラーを収納するスペースなのだ。そこは、どの球場であっても、どんな形状であっても自分にとって大切なスポット。

相手バッターに打たれて点を許す。心の中で「打たれた……」と嘆く。

あるいは、完全に打ち取った打球が内野と外野の間に落ちてしまい逆転されてしまう。「打ち取っていたのに……」。集中力が途切れ始める。そのままバッターに対峙してしまうと、ほとんどのケースでいいことは起きない。

そんなときだからこそ、自分は自分の「場所」の上に乗り、スコアボードを見つめながら大きく深呼吸をして、こう呟く。

「まだまだ、これからやな。ここで気持ちを切らせて追加点を与えちゃいけない。味方が必ず逆転してくれる。これ以上1点も与えない」

少しでもピンチを迎えるとあたふたしてしまう気持ちはわかる。特に甲子園球場での阪神戦は、ビジターのチームにとってはつらい場所だ。熱狂的なファンの声援は相手選手以上にプレッシャーになる。

ヒット1本与えただけで、まるで逆転勝ちを収めたかのように球場全体が揺れる。

もちろん、手厳しいヤジだって頻繁に飛び交う。若い選手からすれば、そのような場所でプレーするとなると精神的にきつい部分もあるだろう。

だから自分は、彼らにこう助言した。

「スコアボードを見てみ？　ヒットは1本打たれているけど点は入っていないだろ。まだ負けてないんだよ。それを忘れて球場の雰囲気にのまれて崩れるくらいなら、一度、冷静になって自分の気持ちを落ち着かせるスポットを作ってもいいんじゃないか？」

スポットを作ったところで完璧に抑えられるわけでもない。でも、**それをいつも意識できるということは自分を見失っていない証拠だと思う。**

「居場所」を与えられるからこそ甘えてはいけない

プロ野球は一年目でも、一般社会の同世代より給料が高い。

「おまえはいいよなぁ、稼いでいて」

世代平均より多く年収を稼いでいる人の中には、このような羨望の言葉をかけられたこともきっとあるだろう。プロ野球選手になれば、それはもっと顕著になる。

「おまえは何億も稼いでていいよな」

シーズンオフなどに地元へ帰り友人たちと会うと、そんなことを言われることがある。

「いやいや。プロはプロで厳しいぞ。結果を出すためにどんだけ練習しているか。億を稼ぐためにどんだけのことをしないといけないか……」

お金をたくさん稼げば、そうでない人たちからすれば羨ましい限りだろうし、高給取りが幸せにも感じられるだろう。

だが、一概にそうとも言い切れない。自分はプロ野球の世界しか知らないが、**お金を稼ぐということはそれ相応の責任を背負わなければならない、ということだ。**

プロ野球選手は長年、結果を残していれば、球団から複数年契約を提示される場合がある。自分の場合、それは02年のことだった。

契約更改交渉の場で球団は、「うちのチームに残ってほしい」と複数年契約を提示してくれた。もちろん、自分としてもベイスターズを優勝させたかったし他のチームに移籍する気などなかったから、その提示をありがたく受けようと思った。

ただ、ひとつだけ条件があった。

「8年契約にしてほしい」

8年という数字にこだわりはなかった。だが、それまでプロ野球選手の複数年契約の最長が5年だったため、それ以上の年数で契約してほしかっただけ。強いて8年の理由を挙げれば、その数字自体にインパクトがあったからだ。

しかし、さすがに球団としても8年という数字は突飛《とっぴ》だったらしく、「6年なら」ということで自分も了承した。6年といえど「プロ野球史上最長契約」という初めての看板は自分のものになるため、それでも十分満足だった。

今でもそうだが、複数年契約は周囲にあまりいいイメージを与えていない。メジャーリーグの話になるが、イチローのように複数年契約を結んでも、契約が切れるまで活躍し続ければ何も言われない。しかし、ひとたび怪我などをして数年間も棒に振るような事態になれば、「不良債権」「働いていないくせに金ばかりもらいやがって」と、たちまち非難の対象になる。

自分が複数年契約を結ぶ以前にもそういった選手はいた。誰もが好きで怪我をしたわけではないことはわかっている。非難されたことで、誰にも言えない苦しみを味わったことだろう。だからこそ自分は、己の中でこう強く念じた。

「複数年契約を結んだとしても、怪我をして、『最終年だけ頑張りました』なんてカッコ悪い結果にだけはしたくない」

自分はこの6年間、プロ野球人生で最も多く投げた。

05年には最優秀防御率と最多奪三振のタイトルも獲得した。この年はさすがに、「もし1年契約だったら給料、どんだけ上がったかな？」と思ったことは事実だが、今さら給料は変わらない。トータルで見れば2ケタ勝利は二度しかできなかったため、文句を言われるなら甘んじて受け入れる覚悟はある。ただ、自分としてはこの期間、チームのために力を尽くしたつもりだ。

複数年契約というのは、いってしまえば会社からの信頼の証でもある。信頼されているからこそ、仮に働けないシーズンがあったとしても球団は給料を保障してくれるのだ。**複数年契約者はその信頼に報いるために、それまで以上の働きを見せなければならない。**

なにより、複数年といっても1年、1年の積み重ねであることは変わらないのだ。複数年でも単年でも魂込めて一球一球投げる。それはプロとして当然のことだ。

選手の勝手な都合でメディアに背を向けてはいけない

スポーツ新聞や雑誌、テレビ、現在ではインターネットのサイトなどプロ野球の情報を扱ってくれる媒体は数多くある。ファンの人には、これらを通じて試合やチーム、野球界の情報を知ってもらうため、自分としてはこれも重要なファンサービスのひとつだと考えている。

だからこそ、もっと自分たち選手はメディアを大切にし、友好関係を築いていかなければならない。

活躍した試合の後は、選手は誰だって気分がいい。試合後、ヒーローインタビューを受けるべくお立ち台に上がり、スポットライトを浴び、球場を出る際も大勢の記者たちに囲まれながら取材を受ける。自分もこれまで何度も経験があるからわかるが、やはりみんなからちやほやされるというのは気持ちがいいものだ。

ただ、それだけではダメなのだ。

活躍できなかった日。ピッチャーであれば滅多打ちに遭って試合を台無しにしてしまったときなども、試合後に記者からコメントを求められる。

そういうときにこそ、しっかりと口を開かなければならない。

記者だって腫れ物に触るように気を遣って選手に質問してくれている。彼らにしても、ひとつでも多くの情報を会社に持って帰らなければ上司に怒られることもあるだろう。

それなのに質問を徹底的に無視し、あるいは「ノーコメント」とだけボソッと答えて足早にその場を後にする。それでは、あまりにも誠意がなさすぎる。

そういった行為に対し、記者たちは選手を「ずるい」と感じるだろうし、自分だってそれは「卑怯だ」と感じる。

05年の開幕戦で逆転サヨナラ満塁ホームランを打たれた試合など、本当に落ち込んでいるときには逃げるように帰りたいし、質問されても内心では「ほっといてくれよ」と思うことだってある。

だが、自分は勝てなかった試合でも、無様なピッチング内容でも、メディアの前を堂々と通って、最低限のコメントを残して帰るようにしている。

第一、打たれたのは誰か？　結果を出せなかったのはなぜか？　その原因はメディアではなく自分でしかないのだ。にもかかわらず、仏頂面で質問には何も答えない。そんなの、ただの八つ当たりと同じではないか。

メディアの向こうにファンがいる。それを自分たちはもっと理解しなければならない。

中畑清監督は就任直後、チームの全員にこう言った。

「つらくても前を向いてプレーしよう。最後まで明るく、楽しくシーズンを戦っていこう」

みなさんもご存じのとおり、12年のベイスターズは5位に9ゲームも差を付けられる断トツの6位。5年連続で最下位と、またファンの期待を裏切ってしまった。当然、シーズン中は連敗も多かった。それでも、中畑監督は常に前を向いて声を出し続けてくれた。

例えば、0対10で大敗を喫したとする。

監督であるため、どのような内容であっても必ず試合後にはメディアの質問を受け

いつも明るく守り立ててくれる中畑監督。

なければならない。

まずはテレビ。映像に映るためそこまでブスッとした態度をとるわけにはいかない。テレビの質問が終わる。今度は、新聞や雑誌などの取材を受ける。カメラは回っていない。

中畑監督は、それでもハキハキと、時間が許す限り記者たちの質問に答えた。

時には笑みを浮かべながら、「どうもすみません、弱くて」と自虐を入れながら周囲を和ませるよう努めてくれた。

「明るく楽しく」。言葉で言うのは簡単だ。だが、実践するとなると相当な体力と精神力がいる。

チームが負け続ければ、監督もつらい

に決まっている。

それでも、監督をはじめヘッドコーチの高木豊《たかぎゆたか》さん、ピッチングコーチのデニーさんも、試合後には必ず記者たちの質問に丁寧に受け答えしていた。

これこそが、プロのあり方だと思う。

試合前の準備では自分の感覚だけに頼らない

先発ピッチャーは、1年間ローテーションを守るとなると、20試合以上はなかなか思い通りのピッチングはできない。

だからこそ、試合前の準備はしっかりと行わなければならない。

登板日から次に投げるまでの中6日の間で念頭においているのは、「本当に調子がいい」ときを常にイメージしておくことだ。

普段のキャッチボールから、「右腕が遠回りして出ていないか?」「左肩の開きが早くないか?」「リリースポイントがばらついていないか?」など、様々な動作を通じて確認作業をしていく。もちろん、その間に自宅で前回登板のビデオを見ながら感覚を呼び覚まそうと努めていた。

登板日前のブルペンであれば、感覚を呼び覚ます意味でも多少、球数が増えてもいいかもしれない。しかし、当日の試合前に調子が悪いからといって何球も投げてしまっては、マウンドにあがる頃には疲れてしまうし、自身が不安でしかたがなくなる恐れもある。

だから自分の場合は、**自分の感覚だけに頼らず人の意見も聞くようにした。**

いつもブルペンキャッチャーの片平保彦《かたひらやすひこ》さんにボールを受けてもらっているのだが、ピッチングの際には必ず、「どうですか？」とボールを受けた側としての意見を聞く。

ボールを投げた瞬間、自分では「いいな」と思っていても、ホームベースの手前でボールの勢いが失速したり、キャッチャーミットに入る瞬間に威力が失われたりもする。そういった感覚は、ピッチャーよりもキャッチャーのほうがわかるものだ。

なかには、調子が悪くても本人の気持ちを尊重し「いいよ」と言ってくれるブルペンキャッチャーの方もいるが、自分は片平さんに、正直に「今のボール」の感想を言ってもらうようにしていた。

そうすることによって、たとえブルペンで調子が上がらなくても、試合前のマウンドでの5球の投球練習や味方の攻撃中に行う軽いキャッチボールでも微調整することができる。

これは野球だけに限らないと思うが、「自分の感覚」だけで物事を判断してはいけ

ない。

他人の意見を真摯に受け入れ、「悪い」と言われればそのときに改善できることなら少しでもしようと努める。そうすることによって、調子が悪くても被害を最小限に抑えることができる、と自分は考えている。

チームが強くなるためなら、細かいことを何度でも言う

自分は練習が大嫌いだった。

はっきりいって、やっていても何の面白味も感じない。それは、ベイスターズ選手会で行っている小学校訪問授業の際に子どもたちにもはっきりと言っていた。

「自分は練習が大嫌いです。やらなくてもいいと言われれば、正直やりたくありません。だって、しんどいですから」と。

これだけで終わってしまえば、ただの愚痴になる。だから、こうも付け加える。

「ただし、練習をしなくてプロ野球選手になった人はいないし、一流選手になれた人もいない。自分が『うまくなりたい』と強く思っているんだったら、しんどくても練習をするしかない。試合で負けたら悔しい。じゃあ、『悔しいから次は絶対に勝ちたい！』と誰よりも思っていたとしても、気持ちだけで勝てるなら世の中の多くの人が勝者になれる。現実はそれだけでは勝てない。**勝つためにはどうするか？　うまくな**

るためにはどうするか？　練習しなければならないんだ」

中学や高校、プロでも若いときは体だっていくらでも動くし、技術の上達も早いため、ただやらされている練習や、プレーに気持ちを込めるだけでもいいかもしれない。

実際、自分もそういう部分が強かった。ピッチャーとしての練習もそうだ。ランニングなどの下半身強化やピッチング、必要な練習は誰だって一生懸命にやる。

だが、練習はそれだけではない。走塁にノック、バント、バッティングと、プロである以上、野球に関わるすべての練習を日々、こなしていかなければならないのだ。

練習は嫌いだ。だが、やらなければいけない。……**どうせしんどい練習をするのなら身になることをやりたい**。プロである程度のキャリアを積んできてからは、自然とそう思えるようになった。

走塁練習の場合、ピッチャーは、他の野手と違ってバッティング技術はどうしても劣るし選球眼もない。相手ピッチャーにしたって試合では不要にボール球など投げてこない。

だが、年間で数回は必ず出塁する。その際、走塁ミスをしてしまうとチームに迷惑をかける。それは自分のためにもならない。だから、試合前の全体練習の最後には、走塁練習をしてから切り上げるようにしている。

バント練習の場合、走塁と同じように、ピッチャーは野手に比べてバッティング技術が圧倒的に劣るため、2アウト以外でランナーが塁上にいればたいていのケースで送りバントのサインがベンチから送られる。これは年間にすれば結構な数になる。だからこそ、日頃からピッチングマシンを相手にでもして、正確にボールを転がすよう努めなければならない。

ノックの場合。これはピッチャー、野手関係ない。グラウンドに立ってプレーする以上、いつ何時、どのような打球が自分の前に飛んでくるかわからない。そのとき、不用意な体勢でボールを捕り、投げてしまえば故障にも繋がる。

シーズン中のピッチャーのノックは軽い打球を正面で受けるような内容のため、それしか行わない選手が多い。しかし、自分はそこで左右の軸足を変え、体重を乗せて捕球したり、わざと体を捻ってファーストへ送球する仕草をするなど、様々な動きを取り入れてノックを受けるようにしていた。

なぜ、自分がそこまで考えて練習に取り組んでいるのか？　前に述べたように、「どうせしんどいことをやるのなら身になるほうがいい」というのは大前提。

それ以上に、自分は下手くそだからだ。

下手なくせにたいして練習もせず、試合で100%のプレーができるわけがない。

走塁、バントを失敗しました。守備でエラーをしました。じゃあ、練習をしよう。それでは遅いのだ。

次のチャンスは来年かもしれない。その間に練習しなければ体の感覚は鈍り、結果的にまた同じような失敗をする。

だから、普段から練習をしておく必要があるのだ。

ピッチャーは普段の練習で野手がするメニューをこなせない。だったら、全体練習の前に早くグラウンドに来て行えばいい。先発ローテーションを任されていた若手には、常々こう口酸っぱく言っていた。

「試合前の全体練習なんて2時間あるかないかなんだから、その間にできることなんてたかが知れている。だから、試合前に1時間でも早く来て少し自主練をやっておいたほうが絶対にいい。俺も気づいてからはそうしてきたし、**その1時間の積み重ねが、いつか他の選手に大きな差をつけることになるんだぞ**」

中継ぎピッチャーでもロングリリーフをこなす選手や、たまに先発で投げる選手に対しても、「おまえは中継ぎがメインかもしれないけど、まったく先発をやらないわけじゃないんだからやっておいたほうがいいぞ」と言うようにしていた。

だからこそ、その意味を自分がグラウンドで示す必要があるのだ。

自分は、あえて細かいことでも後輩たちに言い続けた。しかし、いくら言ってもそれを行動で示さなければ、「番長だってやってねぇじゃねぇか」と陰口を叩かれるのが関の山だ。

そうなると、どんなに口酸っぱく言ったところで後輩たちには響かない。

自分で言ったことはまず、自分から率先して行う。それを継続していくことで、後輩たちが自らの意思で動いてくれれば嬉しい。

これまでも、練習前にグラウンドに来て練習する人間はいた。しかし持続できず2、3日で終わってしまう。それでも自分は、いつも通り早くグラウンドに来て練習を続けた。いつもと同じ顔ぶれ。バッティングピッチャーなどの裏方さんやコーチがウォーミングアップのために早くから汗を流していた。

誰もいない球場を走る──。

しかし、数年前からその様相が少しずつ変わり始めようとしている。

若手ピッチャーが、自分たちの意思で早くグラウンドに来て練習するようになった。

1日、2日、3日……継続できているではないか。自分が言ったことを聞いてくれた以上に、彼らの向上心がとても嬉しく感じる。

自分にとってベストなプレー、試合でのチームの勝利。そのときの喜びなんて一瞬だ。

もちろん、毎試合に勝てるわけでもない。だが、その一瞬の喜びのために、ものすごく嫌いな練習を続けていかなければばならないのだ。

一瞬の喜びの積み重ね。

それが、他のチーム、選手よりも1年でひとつでも多ければ、それは優勝という、これ以上ない大きな喜びと経験に変わる。

ベイスターズは今、その積み重ねを小さいながらも続けている。

その結果は、次第に出てきているが、近い将来、必ずもっといい結果となって表れてくれると信じている。

背番号18は、「エースナンバー」ではなく「三浦大輔」

2012年にようやく150勝を達成することができた。

この記録に「よくやった」と労《ねぎら》いの言葉をかけてくれる方も大勢いたが、その一方で、半ば残念そうにこう言ってくれる方もいた。

「ベイスターズの150勝は、他のチームなら200勝に相当する。それくらい価値のある数字だよ」

ありがたい言葉かもしれないが、素直に喜べない自分もいる。それは、裏を返せば「ベイスターズは弱い」と言われているようなものだし、その責任の何割かは間違いなく自分にあるからだ。

自分は、みなさんから「ベイスターズのエース」と呼んでいただいたが、自身でそう認識したことは一度もない。確かに、入団してからエースにはこだわった。だからこそ、プロ野球の世界で「エースの象徴」と言われる「背番号18」が欲しかった。

最初に与えられた番号は46。当時、18番は岡本透《おかもととおる》さんが付けていたため「僕にください」とは言えなかったが、96年にマイク・バークベックという外国人が18番を託されたのにはさすがに納得がいかなかった。

「18番は、プロ野球界のエースナンバーだろ？　もっと大事にしようよ」

そこで自分は、この年のオフ、球団に「18番をください」と願い出た。このときすでに空番号であったし、先発ローテーションとして機能していた自負もあったからだ。

ところが球団から、「結果を出したらな」と門前払いのように却下された。だったら――闘志に火がついた。97年は自身初の2ケタ勝利となる10勝を挙げることができ、最高勝率の賞までいただいた。球団は、結果を出した自分を気遣うようにこう言ってくれた。

「本当に18番でいいのか？　横浜のエースナンバーだったら17や24番、27番があるじゃないか」

齊藤明夫さんが付けられていた17番、遠藤一彦《えんどうかずひこ》さんが付けられていた24番、平松政次《ひらまつまさじ》さんが付けられていた27番は、大洋時代を通してもエース番号だった。しかし、ありがたいと思いながらも、その番号を受け継ぐことをお断りした。

「18番を横浜の新しいエースナンバーにします。そのために頑張りますから」

そう宣言し、98年から念願の背番号18のユニフォームに袖を通すことができた。

ところが……自分の理想通りにはなかなかいかないものだ。

まわりは自分を「エース」だと言ってくれていた。だが、真のエースとは1、2年だけではなく3年、5年と安定した結果を残した先発投手だけに与えられる称号だ。

読売ジャイアンツの杉内俊哉《すぎうちとしや》、西武ライオンズの涌井秀章《わくいひであき》、楽天ゴールデンイーグルスの田中将大《たなかまさひろ》、広島東洋カープの前田健太《まえだけんた》。「エース」と呼ばれる男たちはみんな、先発投手にとって最高の栄誉である沢村賞を受賞し、3年以上、2ケタ勝利を続けた実績がある。

その点、自分はどうだ。05年に最優秀防御率と最多奪三振のタイトルを獲得したものの沢村賞を獲ったことはないし、2ケタ勝利だって3年以上、続けた実績がない。だから自分は胸を張って「俺がエースだ」とは言えない。

ただひとつ、誇れるとすれば、ファンのみなさんから「横浜の18番といえば三浦大輔だ」と認識してもらえたことだ。それだけでも、自分が18番にこだわった甲斐がある、というものだ。

第5章 さらなる成長のために

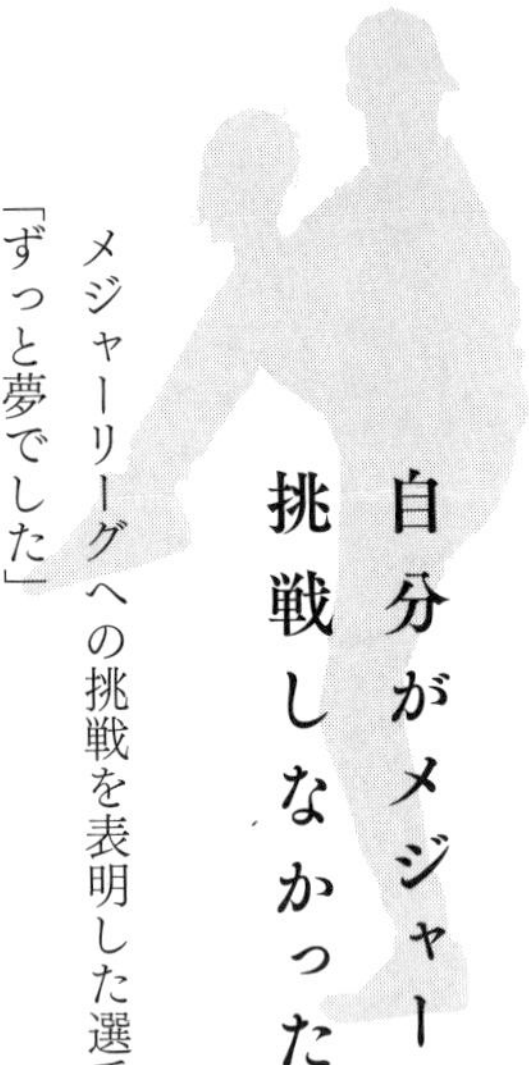

自分がメジャーリーグに挑戦しなかったわけ

メジャーリーグへの挑戦を表明した選手の多くは、その理由についてこう述べる。

「ずっと夢でした」

現在、メジャーのチームへ移籍する選手のほとんどが20代。１９９５年に野《の》茂《も》英雄《ひでお》さんがロサンゼルス・ドジャースで活躍して以来、佐々木主浩さん、イチロー、松井《まつい》秀喜《ひでき》など次々に活躍する選手が増え、野球少年にとって大きな憧れであり目標となったのはいうまでもない。

だが、自分の少年時代はまだ、実力を含めメジャーリーグとプロ野球に大きな壁があったし、今と比べると情報も圧倒的に少なかった。そのため、自分の夢は日本でプロ野球選手になること。それだけだった。

プロ野球選手という夢を実現させてからも、当然メジャーリーグに興味を示すことはなかった。

入団してすぐの頃、当時の球団オフィシャルファンブック『月刊ホエールズ』（後の『月刊ベイスターズ』）のアンケートに答える企画があり、そこに「プロでの目標は？」という質問項目があった。

もちろん、目標はあった。「プロで成り上がりたい」「お金持ちになりたい」。しかし、そのどれもが抽象的だったため、「もっとカッコいい目標にしないといけない」と思った。そこで知ったのが「沢村賞」だった。

沢村賞とは、プロ野球のピッチャーにとって最高の勲章。毎年、沢村賞選考委員会によって選ばれるのだが、その選考基準も厳しい。「防御率2・50以下」「15勝以上」「150奪三振以上」「200投球回数以上」「勝率6割以上」「10完投以上」「登板25試合以上」と7つの条件のうち、原則として3項目以上をクリアしなければならない。

今振り返れば、「高卒の、しかもドラフト6位のほとんど無名に近いピッチャーが、よくそんな大それたことを書いたものだな」と恥ずかしい気もするが、以来、自分個人の最大の目標は沢村賞となった。

あれは初めてFA権を取得した02年のことだった。突然、メジャー関係者がこんな話を持ちかけてきたのだ。

「メジャーリーグのチームが三浦に興味を持っているらしいよ」

大きく首をかしげた。

このときの自分は、先発ローテーションを任せられるピッチャーになれていたし、98年には日本一という美酒も味わった。だが、入団以来、目標としていた沢村賞に輝いたこともなければ主要タイトルを何ひとつ獲得していなかった。

「メジャーか……すげぇなぁ。でも俺、そこまで結果残したか？」

話を聞いたその日のうちに、「メジャーから話があったんだけど」と妻に相談した。どういう反応をするか確かめたかったのだが、彼女はいつもの調子でサラッとこう言ってのけた。

「好きにすればいいよ。夏休みになったら子どもたちをアメリカに連れていけるし……応援するよ」

おいおい……俺は単身でアメリカに行くことが前提なのかよ――。そう、ぼやきたくもなったが、妻の普段通りのリアクションが嬉しくもあった。そのおかげで、自分は冷静に今の自分の実力と向き合うことができたのだ。

「優勝は経験した。でも、まだまだ俺にはこのチームでやらないといけないことがいっぱいあるんじゃないか」

00年にシアトル・マリナーズへ移籍した佐々木主浩さんから話も聞いてみた。

ロッカーは日本に比べると格段に整備されているし広い。資金が潤沢でない球団でも日本以上の設備は整っているし、なによりメジャーリーガーになれば、移動は専用のチャーター機などすべてが好待遇。話を聞くだけでも「すごいな」と声を漏らしてしまうほど、メジャーのスケールは大きかった。

さらに、01年には同い年のイチローが佐々木さんのチームメイトとなり、メジャー挑戦1年目にして首位打者になった。それどころか、アメリカン・リーグのMVPにも選ばれた。彼は、一躍アメリカでもスーパースターになったのだ。

佐々木さんにしても、1年目からマリナーズのクローザーを任され、チームの勝利に貢献している。

「イチローカッコええなぁ。俺もメジャーで活躍できたら、佐々木さんとかイチローみたいになれるのかな？　めちゃくちゃカッコええやろうな……」

だが正直なところ、気持ちはそこまでメジャーリーグに傾かなかった。

佐々木さんやイチローの活躍は、あくまでもひとりの野球好きとして見ていたもの。自分の実力とメジャーのレベルと照らし合わせたとき、ふたりのような結果を残せるとは思えなかった。

なにより、自分はまだ個人として日本の頂点に立っていないのだ。イチローや佐々木さんのように、主要タイトルを総なめにし、チームの日本一の原動力的存在になれたのなら、もしかしたら自分もメジャーに挑戦していたのかもしれない。

だが、98年の日本一は、どちらかというと先輩方に勝たせてもらっていたし、タイトルだって獲っていない。

「まずはタイトルを獲ってチームを日本一にすることだけ考えよう」

そう決意し、メジャーのことを考えるのはスッパリやめた。

さらに理由を加えれば、メジャーの設備のすごさや選手たちの待遇を聞けば聞くほど悔しくなったのだ。

「日本もそういう環境になるよう、まずはベイスターズから変えていきたい。だから、自分も努力しなくちゃいけないな。日本のプロ野球選手もメジャーリーガーに負けないくらいの世界的なステータスを持てるような存在にしたい」

結局、その目標は達成できたとは言えない状況だ。

だが、**夢を追い求め続けているからこそ頑張れる。**

自分の今の夢は、ベイスターズをもっともっと強くすることだ。

選手は球団を理解し、球団は選手に歩み寄ってほしい

選手と球団の関係というのは距離感が難しい。

活躍しても年俸をあまり上げてもらえない。グッズの分配金が少ない。設備をもっと整えてほしい。選手側からすれば、球団に対してお願いしたいことはたくさんあるだろう。

だが実際は、なかなか言い出せない。他のチームでもそんな選手は少なくないはずだ。

自分は、大洋ホエールズ時代を含めると、これまでマルハ、ＴＢＳ、そしてＤｅＮＡと三つの親会社とお付き合いさせてもらった。

当然、若い頃から「もっとこういうことをしてほしい」と心の中で思っていたことはたくさんあったが、実績もないのにそんなことを言えるはずもない。しかも当時は、現在ほど球団と選手間の距離が近くなかったため、選手側も今ほどなんでも要望を伝

えるといった姿勢も見られなかったような気がする。

だが、次第に結果を出していくにつれ、こう考えるようになっていった。

「球団に何かをお願いするということは、大きく言えばファンのためにもなるかもしれない」

何かを変えようとするとなると、精神的に相当なパワーを使わなくてはいけない。もし、球団に自分が進言したら、そのことをよく思われないかもしれない。それが引き金になって粛清《しゅくせい》されてしまったらどうしよう……。そのようなネガティブな考えも浮かんだが、だからこそ、**もっと結果を出して自分が球団にとって必要な選手になればいいのだ、**と思い返した。

そうすればきっと、球団だって自分の話を聞いてくれると奮起してきたつもりだ。

大きな提案として最初にあげさせてもらったのが、2005年から行っている横浜市内の学校訪問だった。自分は、シーズン中でも時間があれば何度でも訪問したいと伝えた。

すると球団はこう返してきた。

「行ってくれるのはありがたいけど、でもシーズン中だと選手が大変じゃない？」

球団も、選手たちを気遣ってくれている。それでも自分は続けて言った。

「シーズン中に行くからこそ意義があるんじゃないですか。できることはやらせてもらいます。でも、できないときはちゃんと言いますから」

選手が「球団は言っても聞いてくれない」というのは勝手な勘違い。ただ単に、コミュニケーションをとっていなかっただけだったのだ。

できることはやる。できないことはできないと言う。それは球団にしても同じこと。例えば、「ロッカールームを広くしてほしい」とお願いしても、「建ぺい率など建築法の関係で広くできません」と言ってもらえば納得する。

「球場は広くなりませんか？」と訪ねても「スタジアムは横浜公園の敷地内だから球団だけでそれは決められない」と答えてもらえば、「なるほど。じゃあ、本当に広くしたかったら横浜市にもお願いする必要があるな」と選手側も知識が増えていく。

学校訪問を提案したときは自分はチームの選手会役員を務めていたため、選手たちには常にこう言っていた。

「俺たちがやることをやっていれば球団は聞いてくれるから、できる、できないは別として、細かいことでも気づいたことがあれば言ってくれ」

10年から11年にかけて、横浜は激動の時代を経験した。

まず、10年のシーズンオフにそれまで親会社だったTBSが球団の売却を決断したことで、突如として「横浜身売り騒動」が始まった。

はじめに手を挙げたとされる企業は「住生活グループ〈現・LIXILグループ〉」。この年は結局、売却がまとまらなかったらしくTBSがもう1年、球団を保有することとなったが、翌11年のオフにも再び身売り騒動で世間を賑わせた。

京浜急行電鉄とガス事業などを展開するミツウロコを中心とした神奈川県に関わる企業が手を組み横浜を買収するという報道。その他にも、旅行代理店や石油会社、はたまた家電量販店など、様々な企業が手を挙げている、と各メディアは伝えた。もっと飛躍した報道だと、「ベイスターズは横浜を去って県外に根を下ろす」といった内容のものまであった。

自分たち選手も、何が真実なのかわからない。4年連続で最下位という不甲斐ない成績であることから責任も感じているし、なにより悔しかった。

そんなとき、「横浜に球団を残して再生を図る」と大々的にアピールしてくれたのが、DeNAだった。前述した企業もそうだが、弱いチームを「なんとかしたい」と手を挙げてくれるのは嬉しかったし、選手もなんとか報いたいと思ったものだ。

最終的にDeNAが新たな親会社となった。シーズンが始まってからも、満足度に応じて最大で入場チケット代を全額払い戻しできる「全額返金チケット」など、球団の損益を顧みず様々な企画を実行し、集客増大に尽力してくれた。

「ベイスターズは変われる」

自分はそう、強く感じた。

今後も、選手は球団とコミュニケーションをもっと図り、横浜DeNAベイスターズをさらに活性化させていくことができるだろう。

ファンとの距離感を教えてくれたストライキ

2004年9月18日と19日に決行されたストライキは、自分のプロ野球人生の中でも大きな出来事のひとつだった。

この年のシーズン中に大阪近鉄バファローズとオリックス・ブルーウェーブの合併が発表されたことで、選手のみならずファンにも大きな衝撃を与えた。この合併が正式に決まることになればパ・リーグの球団が5チームになってしまうことから、それまでの2リーグ制を撤廃し、「1リーグ制」という話がもちあがったのだ。

プロ野球選手会は、当然これに大反対した。

「近鉄とオリックスの合併を1年間凍結する」「1リーグ制は反対」。様々な要望を提案したが認められず、新規参入で争っていたライブドア（当時）と楽天にしても、選手会は「参入は大歓迎。翌年からぜひチームを運営してもらいたい」と強く希望した。

当時の古田敦也選手会長を筆頭に、選手たちは「ストライキ」という最終手段で抵抗し、チームの選手会長だった自分も球団側との交渉の場に立ち会い、主張を認めてもらおうと努力した。

ところが、球団側と選手の意見は平行線のまま。プロ野球70年の歴史で初めてストライキが決行された。

「申し訳ない」。選手の誰もがそう思っていた。

9月18日と19日は休日。しかも、ペナントレースも佳境に入り、順位争いも激化している最中。この日のプロ野球観戦を楽しみにしていた方も多かっただろう。

だから選手会は、せめてもの罪滅ぼしとばかりに試合会場でサイン会を開催した。

この2日間は、たまたま横浜スタジアムでのゲームだったため、相手チームであるカープの選手たちにも呼びかけ、「球場に来てくれたみんなにサインと握手をしよう」と決めた。

正直、「ファンを裏切った自分たちのために来てくれるのかな？」と不安にも思ったが、大勢の方たちが横浜スタジアムに来てくれた。

「頑張ってください」「僕たちは選手の味方です！」。様々な激励の言葉をいただいた。

自分たちの声が届いた。

ストライキをしたことに忸怩《じくじ》たる思いを抱きながらも、報われたような気もした。

ストライキ以来、自分はそれまで以上にサインをするようになった。プライベートで家族と食事に出かけているときでも、自分に気づいた人からサインや握手を求められれば応じるようにした。

またあるときなど、こんなこともあった。

遠征先の名古屋から横浜へ戻る新幹線のホームでのこと。ファンの人から「サインをください」と頼まれ応じると、気づけば行列ができていた。それでも新幹線が到着するまで時間があると思っていたため、サインに集中していた。

しばらくたっても新幹線は来ない。まわりを見渡して選手を探す。誰もいない。サインに気をとられすぎて新幹線の発車時刻に気づかなかったのだ。

乗るはずの車両はすでに出発してしまっていた。

最高にカッコ悪い……あのときの自分は、「そこに穴があったら入りたい」気持ちだった。周囲にはまだ、ファンがいる。新幹線は指定席だったため切符は使えない。

一度、ホームを降りて自腹で切符を再購入しホームへ戻る。まだファンがいる。

「新幹線に気づかなかった自分も悪いけど、これは断るときは断ったほうがいいな」

そう、自分に言い聞かせた。

横浜にいるときでも、サインはしていた。だが、できないときもあった。

球場の駐車場から車で公道に出る際、入り口には何人かのファンの人が選手を〃出待ち〃しているのだが、横浜スタジアムの駐車場は大通りに面しているし歩道もあるため、そこで停車してサインを書くと歩行者や他の車の迷惑になるから断るようにした。

もっと行動力のある人の場合だと、信号待ちをしているときに窓をコンコンと叩き「サインをください」とお願いしてくる。

「この人、すごいな」と心の中で笑いながらも、「危ないし、他の人にも迷惑がかかるからごめんね」と謝ってサインを断るようにした。

選手間でもそういった取り決めはもちろんしている。

春季キャンプ中にもなると、選手と同じホテルに宿泊するファンの人がいる。ただ、ロビーや食事会場、駐車場など敷地内でサインに応じてしまうと人だかりができてしまうため、ファンではないお客さんに迷惑をかけてしまう。

「ホテルの敷地内でのサインはやめよう。球場でもあくまで練習が優先だから、全体メニューが終わった後とか余裕のあるときにするようにしよう。そのかわり、できるときはしっかりやろう」

選手もファンも、お互いに相手の気持ちを尊重して行動することで、これからもっともっといい関係が築いていけると思う。

ストライキは、選手とファンの距離感の大切さを教えてくれた。それだけでも、意味があったのではないかと思っている。

ひとりのファンとしっかり向き合う

ファンサービスとは、ファンの立場になって考え、行動に移すことだと思っている。自分が子どもの頃は、ホームランボールが欲しくて、グローブを片手に甲子園球場や日生球場にプロ野球の試合を観に行ったものだ。

ここ数年、そんな子どもが少なくなっているような気がする。

「横浜スタジアムはファウルゾーンのフェンスも低くなったし、ボールだってスタンドに飛び込んだものはもらえるようになった。せっかくだからグローブを持って見てほしいな」

そこで、自分の用具を提供してくれるミズノさんと相談してグローブをプレゼントする企画を始めた。もともとはテレビ番組内で自分がＭＶＰと賞金をもらったことから、「なんかファンサービスで使えないかな」と考えたことがきっかけだったが、グローブを持って横浜スタジアムに来てほしい。それで親や友達とキャッチボールをしてもらえたら嬉しいと思ったのだ。

そこで、「三浦モデル」の子ども用軟式グローブを5個。ベイスターズ主催での試合のときは必ずプレゼントすることにした。ホームゲームは年間60数試合。プラス、こどもの日や父の日、母の日、敬老の日には大人用のグローブも用意するため、年間約400個のグローブを提供することになるが、それでひとりでも多くの子どもや親が喜び、1試合でも多く横浜スタジアムに来てくれれば、それほど嬉しいことはない。

ある日、このような手紙が自分のもとに届いた。

「抽選でグローブが当たりました。ありがとうございます」

グローブを手にした子どもの写真が同封された感謝の手紙。お礼を言ってもらいたくて始めた企画ではなかったにせよ、このような形で感謝されると嬉しい。自分は、「せっかくだから」とその写真にサインを書き、封筒に記載されている住所へ返送した。そうすればきっと、子どもも親も喜んでくれるだろう、と。

近年、インターネットの普及に伴い、プロ野球選手のサインがオークションで売られる機会が多くなった。

選手の中には、「僕はオークションで転売させるためにサインを書いているんじゃありません！」と憤りをあらわにする人間もいる。

その意見はごもっともだし、自分のサインだって「オークションで売られてるよ」と人から教えてもらうこともある。その中には、明らかに自分の筆跡ではないサインもあるため、そんなときは「オークションで買う人も気をつけてくれよ」と必要のない心配をしてしまったりもする。

自分のサインが他の人間に売られる。それはそれでしかたがないことだと思っている。

オークションで転売する人間もいれば、本当に自分のサインを欲しがっているファンの人だっているだろう。でも、もし、自分が「どうせ売られるから」とサインをしなくなったら、本当に欲しいと思ってくれている人たちが悲しい思いをすることになる。

近年は、ボールや色紙はもちろん、自分のベースボールカードが入った封筒が球団事務所に数多く送られてくるようになった。「これにサインをしてください」という目的でファンが送ってくるのだ。

　そこで、自分は、送られてきたものすべてにサインを書いて送り返すことにした。

　住所と「○○行」と自分の名前を記載した返信用の封筒を同封してくれる人もいれば、そのままカードなどを入れただけのものもある。「○○行」と書かれたものには、ちゃんと「○○様」と書き直して送り、そのままの場合は切手と封筒を自ら用意し返信する。

「ファンサービスも大変なんだね」

　妻はいつもそう言って、自分の労をねぎらってくれた。

「人がよすぎるかな？　でもさ、もしこれが自分だったら、本当にサインが欲しくて送るわけだから返ってこなかったらショックだろ？」

　そう自分が答えると、妻が質問してくる。

「なかにはネットオークションで売られたりもするでしょ？」

「それは俺にはわからない。だから全部書いたほうが、本当に欲しい人にも届くし安心だろ」

　こうしてサインと住所、宛名を書きこむ自分。「これもファンサービス」と思うから、続けられたのだろう。

もうひとつ、自分にとって大事にしていることがある。

それは、ブログだ。

2007年から開始し、当初から「1日一回は必ず更新する」と決めている。ただ、そのほとんどが「今日は眠いので寝る！　ヨ・ロ・シ・ク!!」など、ファンのみなさんには申し訳ないが、はっきりいってくだらない内容ばかりだ。

そんなブログにもかかわらず、毎日、多くの方がコメントを寄せてくれる。なかでも、そのありがたさを実感したのが、翌年シーズンオフのFA宣言をしたときだった。「阪神に行かないでくれ！」「横浜を出て行ったとしても、三浦さんの野球人生がよくなるなら応援します」など、ベイスターズファンからは温かいメッセージをたくさんいただいた。

阪神ファンの方からも、「待っています！」「阪神を強くしてください」といった自分を待ち望むコメントもあれば、「阪神に来るな！　俺は横浜の三浦を倒す阪神が見たいんや！」など、感極まる挑戦状もしっかりと受け取った。

毎日、しょうもないブログを見てくれる人たちに恩返しをしたい。

自分は、こういった方たちに支えられてきた。

結果が出せない日が続けばヤジも飛ぶ。それをダイレクトに聞いてしまえば心が痛む。

だが、「俺には味方がたくさんいる」と思うからこそ、何度も立ち直ることができた。

自分にとってファンはなにより大切だ。

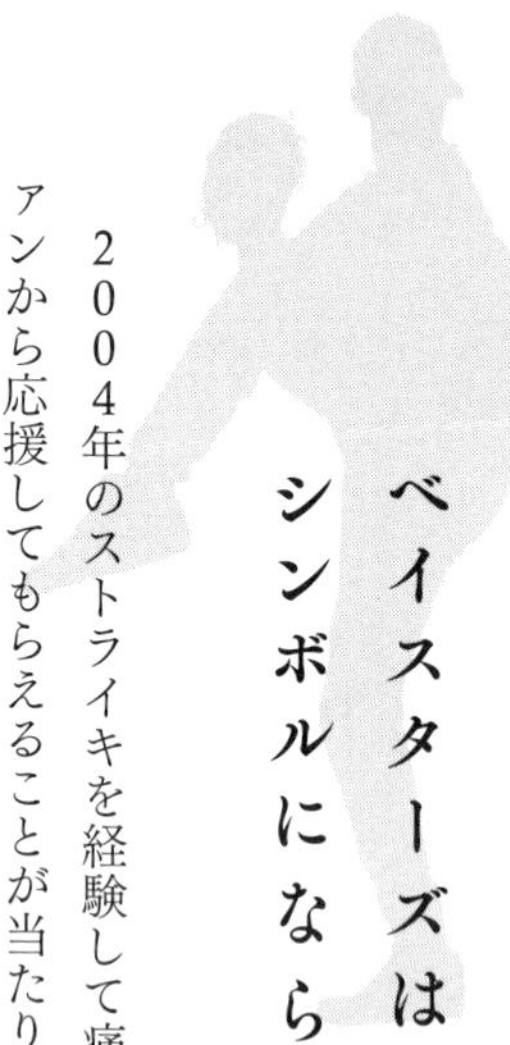

ベイスターズは横浜市のシンボルにならなければいけない

2004年のストライキを経験して痛感したこと。それは、「自分たち選手は、ファンから応援してもらえることが当たり前だと思っていたな」ということだった。

正直、ストライキ以前のプロ野球界というのは、「お客さんは来てくれるもの」と勘違いしている風潮が少なからずあった。口では「ファンは大事です」と言っているにもかかわらず、そういった現実がある矛盾。

プロ野球選手にとって最大のファンサービス。それは、球場で最高のパフォーマンスを披露することだ。だが、ストライキをしてしまった以上、もう、待っているだけではダメなのだ、と感じた。だから、「俺たちにできることを率先してやろう」と行動に移した。

05年から続けている学校訪問、「『星に願いを』プロジェクト」だ。

それまでも、シーズンオフには同じようなことを行っていた。子どもたちはきっと喜んでくれただろう。しかし、触れ合った選手のプレーが見られるのは、そこから3、4カ月先のシーズン開幕まで待たなければならない。

そういえば、メジャーリーグではシーズン中であっても試合前に学校や施設の訪問を頻繁にしているではないか。自分はすぐに球団に提案した。

当時12球団で唯一、企業を冠としないチーム名とし、「地域密着」を掲げている横浜ベイスターズがそれをやらずにどうしますか、と。

当初、若い選手は行きたがらなかった。理由を聞くと、

「僕が行っても子どもは喜びませんよ。僕のことなんて知らないでしょうし……」

と言う。だが自分は、「だからこそ行くべきだ」と伝えた。

「仮に子どもたちがおまえのことを知らなかったとしても、行けば絶対に、子どもたちはおまえの名前を覚えてくれるから」

自分が子どものときもそうだった。有名選手はもちろん、そうでなかったとしてもサインをくれた、イベントで握手をしてくれた、そういった選手の名前は一生忘れないものだ。

しかも、この学校訪問はシーズン中だ。もし、その選手がその夜の試合で活躍したら、きっと子どもたちは感激するだろう。

「僕、今日からこの選手のファンになる！」

たったひとりでもそういう子どものファンができることで、どれだけ力になることか。それを知ってもらいたかった。

だから、知名度の有無にかかわらず、選手には声をかけるようにした。

それにもうひとつ、大きなメリットもある。

プロ野球選手とはいえ、誰もが人前で話すことが得意なわけではない。でも、**自分の意思でちゃんと伝えるべきことを伝えることは、後にメディアの記者たちへの対応にも繋がってくる。**

「俺はそういうつもりで話したわけじゃないのに」。そんな記事が載ることなんていくらでもある。そうならないためにも、**自分の気持ちをしっかりと伝える術を身につける。**ダイレクトに言葉を受け取る子どもたちは、まさに絶好の相手なのだ。

なにより、「夢を持つ大切さ」を、夢を実現させたプロ野球選手が話すことによって、子どもたちの目標は確実に身近に感じられるようになる。

12年現在で横浜市立の小学校は約３５０校。７年間の延べ校数ではあるが１００を超える小学校にお邪魔させていただいた。こののちは、すべての学校を制覇するべく続いていくだろう。

それはすなわち、ベイスターズが「横浜市のシンボル」になる第一歩だと思っている。

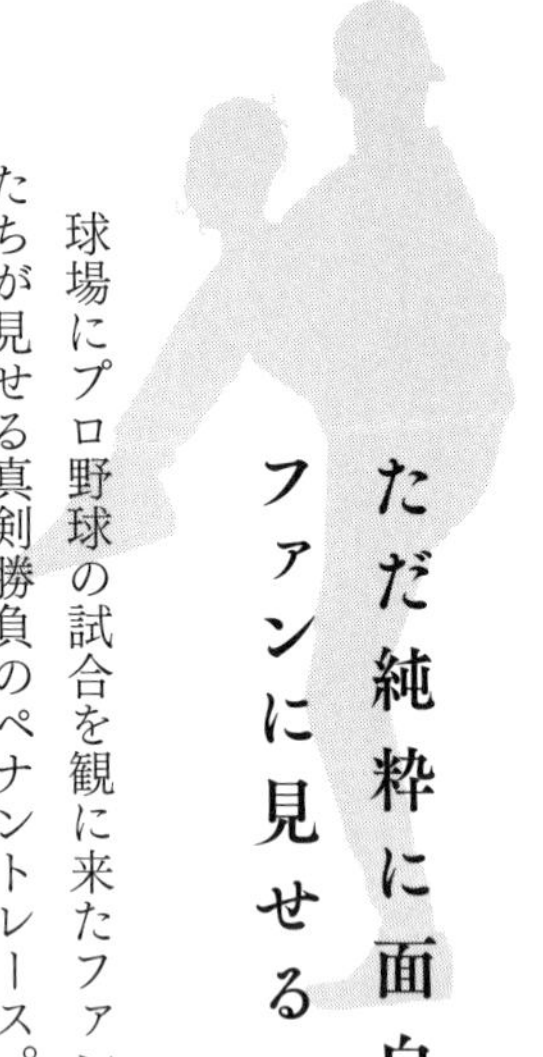

ただ純粋に面白いものを
ファンに見せる

球場にプロ野球の試合を観に来たファンの人たちが望むもの。それは、プロの選手たちが見せる真剣勝負のペナントレース。

そしてもうひとつ、「力と力の勝負」、オールスター戦だと思う。

プロ野球選手にとって、「夢の球宴」と呼ばれるこの舞台に立つのは大きな目標のひとつであるし、選ばれれば実力がファンに認められた証にもなる。

自分はこれまで、２００２年、２００４年、２００６年、２００９年、２０１２年、２０１３年の6度も出場させてもらっている。

最初に選ばれた02年こそ、嬉しさだけが自分を支配していたため、「どんなことをやろうか？」などと考える余裕などなかった。

「なんか強烈なインパクトを残したいな」

そう感じたのは、二度目の出場となった04年だった。

「力と力の勝負といっても、自分は１５０キロを超えるストレートを投げられるわけじゃないしな……。いや待てよ。力とは自分の実力のことだよな。それを全力で出せばいいわけだろ」

自分は、

「変化球だって力だ！　俺は速い球を投げられない。だったら、思いっきり遅い球を投げてやろう」と考えた。

そこで投じたのが、「超スローカーブ」だった。

案の定、観衆は湧いてくれた。バッターボックスに立った選手も面食らい、当時、西武ライオンズの主砲だったカブレラなどずっと笑っていたくらいだ。以後、オールスター戦に出場する機会があればこのボールを投げている。

12年は、超スローカーブの〝遅さ〟にこだわった。

自分は第3戦の先発マウンドに立つことになったのだが、奇しくも試合会場である岩手県営野球場は、夏に花巻東高校の大谷《おおたに》翔平《しょうへい》君が高校生最速となる１６０キロをマークした場所でもあった。

「じゃあ、俺はその半分を狙ってやる！」

結局、80キロのボールを投げることはできなかったが、西武ライオンズの中島裕之《なかじまひろゆき》や〝おかわり君〟こと中村剛也《なかむらたけや》はフルスイングで付き合ってくれた。

プロ野球の醍醐味は真剣勝負であり、力と力の勝負でもある。

だが、オールスター戦が「夢の球宴」と呼ばれている以上、「真夏の夜の夢」ではないが、ただ純粋に面白いものをファンに提供する選手がいてもいいだろう。

自分にとっても想い出に残る経験をさせてもらったと思っている。

「黄金世代」と呼ばれた「48年会」

プロ野球にはこれまで、「黄金世代」と呼ばれる世代が数多く存在した。

近年では楽天の田中将大や広島の前田健太、巨人の坂本勇人《さかもとはやと》、北海道日本ハムファイターズの斎藤佑樹《さいとうゆうき》ら、次世代のプロ野球界を背負う人材が豊富な、１９８８年組の「田中世代」。

ボストン・レッドソックスの松坂大輔《まつざかだいすけ》を筆頭に、ボルチモア・オリオールズの和田《わだ》毅《つよし》、巨人の杉内俊哉、村田修一、阪神の藤川球児《ふじかわきゅうじ》など、現在のプロ野球界を牽引する選手がそろう１９８０年組の「松坂世代」。

少し時代をさかのぼれば、清原和博《きよはらかずひろ》さん、桑田真澄《くわたますみ》さんの「ＫＫコンビ」をはじめ、佐々木主浩さん、田中幸雄《たなかゆきお》さん、佐々岡真司《ささおかしんじ》さんなど、一流選手を輩出した１９６７年組も「黄金世代」と呼ばれている。

そして、自分たち１９７３年、昭和48年組もそう呼ばれていた。

数々の栄光を手にしたプロ野球史上最高クラスのスーパースターであるイチローが、その象徴といえるだろう。

日本の選手で例をあげれば、石井一久《いしいかずひさ》に松中信彦《まつなかのぶひこ》、薮田安彦《やぶたやすひこ》、ガッツ（小笠原道大《おがさわらみちひろ》）、ノリ（中村紀洋《なかむらのりひろ》）、小坂誠《こさかまこと》、礒部公一《いそべこういち》、カツノリ（野村克則《のむらかつのり》）、清水隆行《しみずたかゆき》（現・崇行）、門倉健《かどくらけん》、高木大成《たかぎたいせい》、坪井智哉《つぼいともちか》、ジョニー（黒木知宏《くろきともひろ》）と、プロでの活躍もさることながら、甲子園などアマチュアでの実績も抜群な選手が数多くいた。

入団当時は無名だった自分だが、まず、同世代のライバルたちがどれくらいいるのか選手名鑑を見て調べた。すると50人以上もいるではないか。当初は巨人の谷口くらいしか知り合いがいなかった自分だが、試合を重ねていくうちにガッツやジョニーら同世代選手との会話も次第に増えていった。

「48年生まれの奴らで何か作らないか？」

試合のたびにそう呼びかけた。彼らも「やろうやろう」と乗り気の様子だったが、何度呼びかけても一向にアクションを起こす気配がない。

今振り返れば、48年会の選手たちはみな、いい意味で自分勝手な奴らばかりだった。自分と同じように、「プロ野球の世界で成り上がってやろう」と闘志をむき出しにして練習に励んでいたため、野球と少しでもかけ離れたこととなるとたちまち無頓着《むとんちゃく》になってしまっていたのだ。

入団当初はそれでもいい。だが、1年、2年……一向に話が進展しない。いつしか10年近くがたとうとしていた。そんな自分勝手な48年生まれをとりまとめてくれたのが、関西テレビさんだった。

関西テレビさんは90年代初頭から、古田敦也さんや山本昌《やまもとまさ》さん、小宮山悟《こみやまさとる》さんなど、当時の若手有望選手たちで結成した「40年会」主催のイベント番組を放映していた実績がある。そこで同局が、「じゃあ、40年会と何かイベントをやろう」と音頭をとってくれ、15年ほど前に初めて48年会が一堂に集結したイベントが行われた。

企画は、愛媛県にある「坊っちゃんスタジアム」での「40年会対48年会」による草野球対決。球場へ向かう途中の道路をパトカーが先導してくれるほどの盛況ぶりに驚かされた記憶がある。以来、このイベントは２０１２年まで続いた。

自分たちの世代は仲がいい。しかしそれは、若い頃からライバル心をむき出しにして戦ってきた戦友だからだと思っている。

石井一久がヤクルトに在籍していたときは何度も投げ合っているし、ガッツやノリ、松中とも対戦し、時には抑え、時には打たれ、喜びと悔しさを交錯させながら、互いの意識を高めあってきた。12年、ある雑誌でノリが自分に対してこう言っていたことを知った。

「大輔に、『このまま終わりたくないから、家族のためにもお互い頑張ろう』と言われたことが自分の励みになっている」と。

ノリは近鉄時代に主砲として栄光を手にしたが、近年では中日に育成枠から入り、楽天を経てベイスターズに入団する前はどの球団にも所属できなかったため、バッティングセンターで練習を続けていた。自分以上に波乱万丈の野球人生を送ってきた。そんな彼が、自分の言葉を励みに思ってくれていたことを嬉しく思う。

異業種の人たちと積極的に交流する

プロ野球選手は、実績を作り知名度が上がれば上がるほど、メディアへの露出も増えていく。シーズン中であっても、当然のように新聞や雑誌、テレビの取材を受ける。だが、選手によっては「シーズン中のインタビューはNG」というケースもある。

野球に集中したい気持ちはわかるが、自分はどちらかというとシーズン中でも平気で取材を受けるよう心がけた。

先発ピッチャーの場合、登板間隔が中6日だとすれば、だいたい登板してから3、4日後に取材を受けることが多い。しかし自分の場合は、完全オフの日以外は他の用事とブッキングしていない限り受けるようにしてきた。極端な例を挙げれば、先方の都合で「どうしても」と懇願されれば登板日だってOKすることもあったくらいだ。

なぜ、自分がそういうスタンスをとっているのかといえば答えは簡単だ。

第一に、「横浜DeNAベイスターズ」という球団名と「三浦大輔」という野球選手を幅広い人たちに知ってもらえるから。そして、異業種の方と触れ合うことで交遊関係が広がるからだ。そうした異業種の人たちは、野球しかしていない自分たちよりも数多くの知識を持っている。同じアスリートであったとしても、野球にはない考えをたくさん吸収できる。

自分が好きなプロレスでは、蝶野正洋《ちょうのまさひろ》さんや武藤敬司《むとうけいじ》さん、橋本真也《はしもとしんや》さんから、試合前の気持ちの高め方を学び、プロゴルファーの片山晋呉《かたやましんご》さんからは一球への集中力、そして自分自身と戦うメンタルを教えてもらった。自分のバイブルともいえる書籍、『大リーグのメンタルトレーニング』にしても、片山さんから紹介していただいたものだ。

東日本大震災のときも異業種の方にお世話になった。

津波で家を流された子どもたちはグローブもボールもない。避難所の生活は続いており、つらい現実を一時的にでも忘れさせてくれる娯楽がない。そんな現状をテレビなどで目の当《ま》たりにし、また人からそのような話を聞かされると、「何かしてあげたい」といてもたってもいられなくなった。

そんなとき、面識のあった女優の藤原紀香さんから、被災地を訪問しながら小学校などで復興支援のお手伝いをすると聞き、「自分も協力させてください」と、グローブやボールなどの野球道具一式を被災地へ届けてくれるようお願いをした。すると、「喜んで。責任を持ってお届けさせていただきます」と、藤原さんは快諾してくれたのだ。

後日、被災地の方から「野球道具を送ってくれてありがとう」という手紙をいただいた。自分も、ほんの少しでも被災者が元気になる手助けができたのだと喜んだが、それも、藤原さんという異業種の方と交流してきたからこそ実現できたことだった。

プロ野球は日本で最もメジャーなプロスポーツであり、プロ野球選手は日本においてステータスを持つ職業なのかもしれない。

だからといって、決して驕《おご》ってはいけない。他の業種でも成功している方はたくさんいるし、40年もの間、朝から晩まで必死に働いているビジネスマンの方も過酷である。だからこそ、こう思う。

「野球界だけじゃなく、異業種の方から様々な話を聞き、知識を広げていかないと人間としての成長は止まってしまう」

人生、現役を終えてからのほうがはるかに長い。人間、日々勉強なのだ。

クビは人生の終わりじゃない！

プロ野球選手は正規雇用者ではない、個人事業主だ。

だから、技術の向上に励み、チームの戦力となれるようにパフォーマンスを高めていかなければならない。

そうはいっても、やはりマンネリは訪れるものだ。オフの契約更改交渉で翌年の年俸を提示され、契約書にサインをする。しかし、それが3年、5年と同じように続いていくと、どうしてもそれが当たり前のような錯覚に陥ってしまう。

「今年はあまり一軍の試合に出られなかったけどしょうがない。また来年、頑張ろう」

そんな気持ちでいると、ペナントレース直後、または終盤に球団から呼び出されて「来年は契約をしません」と戦力外を通告されてしまう。

そこで動揺しても遅いのだ。だから自分は、若い選手に早い段階でこう言うようにしてきた。

「これが毎年続くと思うなよ。結果を出せなければプロ野球選手ではいられなくなるんだから、そのことだけは忘れるなよ」

自分がクビになると思って練習をしている選手はひとりもいない。**だが、クビになるときはクビになる。**プロ野球とは、そういう厳しい世界なのだ。

だが一方で、クビが人生の終わりではない。

自分は、クビになった選手、特にピッチャーからは様々な相談を受ける。

現役には未練がある。だが、球団からは「バッティングピッチャーとして残ってくれないか？」と相談を持ちかけられる。または、知り合いの飲食店の人から「店で働かないか？」と誘われる。

選手をクビになりながらも球団職員としてチームに残れることはありがたいことだし、就職難といわれる現代で、社会経験がゼロの「元プロ野球選手」に働き口があることもまた、幸運といえるだろう。

そんなとき、自分は決まってこう言うようにしている。

「このご時世、次の就職先の話があるだけでも幸せなことだと思う。最終的に決断するのは自分なんだから、『自分ならこの世界でやっていける』という自信があるほうを選んだほうがいい。プロ野球選手になったときだってそうだろう？　そのときの気持ちは大事にするべきだ。決めた道は全力で進めよ」

プロ野球選手ではいられないかもしれないが、だからといって人生が終わったわけではない。結婚していれば今後、家族を養っていかなければならないし、新たな夢が生まれるかもしれない。

他人の人生にとやかくいう権利もないが、一緒にやってきた仲間だからこそ、他人事には思えない。だからできるだけのサポートはしたいし、アドバイスもする。

ある年、こんな選手がいた。

戦力外を言い渡された直後、「引退するか現役を続けるか、明日までに決断してほしい」と、球団から告げられたそうだ。

子どもの頃からプロ野球選手に憧れて、高校、大学、人によっては社会人まで野球漬けの毎日を過ごしてようやく夢を叶えることができた。しかし、プロでは結果を残せず戦力外通告を受け、失意の淵をさまよっている。現役に未練はあるだろう。そんななか、一日で今後の決断などできるはずがない。

だから自分は、選手会役員という立場もあり、球団にこうお願いした。

「さすがにそれは無茶な話じゃないですか。球団にとってはチームの中の一選手かもしれませんけど、あいつにとってはたった一度の人生なんですよ。チーム内の編成の都合があるのもわかっていますが、せめて合同トライアウトが終わるまで返事は待ってやってくれませんか？」

メジャーリーグであれば、球団から「リリースだ」と言われれば否応なしに指示に従わなければならないし、そうでなくても完全な契約社会であるアメリカは雇用形態がドライだといわれている。

だが、日本もそれでいいのかといったら決してそうではないと思う。義理と人情。それこそが日本人の美徳であり、海外の人たちからも認められる優れた人間性ではないか、と思うのだ。

もちろんだからといって、選手は絶対に球団に甘えてはいけない。

当たり前のように契約が待っているわけではない。選手は、少しでもいい契約を結んでもらえるように、日々、練習をしなければならない。

自分はプロ野球界のことしか知らないが、**そういった姿勢で現役生活を送っていた人間というのは、クビになってからもビジネスの世界で成功を収めている。**

しかし、現役時代をいい加減に過ごしてきた人間で、プロ野球界を離れてから成功した話は一度たりとも聞いたことがない。

クビになりたくなければ目の前の仕事に懸命に取り組む。

仮にクビになったとしても、決してその後の人生を諦めない。

クビは、人生の終わりではないのだ。

すべては家族に報いるために

プロ野球選手は、試合で結果が出せないとファンからヤジがとぶ。なかでも、特に厳しいとされるのは阪神ファンのヤジだ。だが、自分はそこまで気にしたことがない。甲子園球場での試合中、三塁側のスタンドの前でキャッチボールをしていると阪神ファンは面白がるように様々なヤジで動揺を誘う。

「三浦、おまえの高校時代、俺は知ってるでぇ」

高校時代に遊んでいた場所や友人の名前、はたまた学校をサボっていた時代のことまで、なぜだか自分のことをよく知っている阪神ファンもいる。

だからといって、イラだつことはない。むしろ、「よう知ってるなぁ。誰から聞いたん？」と逆に面白がりながら彼らの言葉を聞いているくらいだ。

そんな自分にも、ひとつだけつらいヤジがある。

それは、家族を中傷するものだ。

大きくなってからは子どもたちも学校があるため頻繁に応援に来ることもなくなったが、まだ小さい頃は妻とともによく横浜スタジアムに試合を観に来てくれていた。どの球場でもそうだが、選手には家族専用の席が用意されている。その「家族シート」は、もちろんスタンド内にあるため、詳しいファンであればどの選手の家族が来ているのかを把握することができるのだ。

自分が試合でボコボコに打たれたとする。あるファンが言う。

「あそこに座ってるの、三浦の奥さんと子どもだぞ」

ひとり、ふたり……いつしか大勢のファンが自分の家族の存在を知る。そんな様子も知らずに自分は投げ、そして打たれ続ける。

最初はヤジの矛先《ほこさき》が自分だったのに、次第に家族へ向けられるようになる。自分にそのヤジは聞こえない。ただ、そこで一緒に見ていた妻の友人たちからその様子を教えられると、自分のこと以上に心が痛む。

子どもにとってもよくないことだ。自分の親父が見ず知らずの大人たちから色々言われている。涙したっておかしくはない。聞かせたくない。「ヤジるなら俺をヤジれ」。そう叫んだところで、ヤジを止めることはできない。

その責任はすべて打たれた自分にある。

「申し訳ない」。その気持ちは家族、ファン、本来、自分を応援してくれる人すべてに対して思う感情だ。

自分にとって家族はかけがえのない存在だ。

今の自分があるのも、家族があってこそだ。

生花店を営んでいる両親は、物心がついたときから忙しかった。

親父は、自分が朝起きたときには仕事先である大阪へ仕入れに行っていたし、おふくろも子どもたちに朝食を食べさせた後、すぐに電車で大阪まで出かけて行った。帰宅してくるのは夜の9時過ぎ。その間、自宅の離れに住む祖父と祖母が自分たちの面倒を見てくれていた。帰宅後、母親は夕食の支度をしたり洗濯などの家事をこなす。

生花店経営という職業柄、休みなどほとんどなかった。年末のかき入れ時になると徹夜も多く、正月休みも短かった。家族旅行に行った覚えなどほとんどない。

これまで述べたとおり、高校時代は両親に散々迷惑をかけ、おふくろを何度も泣かせてしまった。

親父は、その頃になると野球の指導はしなくなったものの、「プロ野球選手になる」という根拠のない夢を陰ながら応援してくれていた。

そんな高校時代の恥ずかしい自分を、妻は常に見ていた。

同じ高校の2学年上だった彼女は陸上部に所属していたこともあり、同じグラウンド内の野球部の自分をよく知っていた。悪さをして職員室に呼び出されてもヘラヘラしている自分を見ては、「また、なんかやったの?」と、当時から心配してくれていた。

プロ入り直後から彼女と交際するようになり、「貯金ゼロ」で結婚。その後も家事はもちろん、二人の子どもの子育て、給料の管理まで家のことはすべてまかせっきりだ。その妻に自分は、何度助けられたことか。

近年であれば、2011年の大スランプが最も印象に残っている。

二軍行きを通達された直後、運悪く妻の誕生日が控えていた。

「最悪の誕生日にしてしまった……」。そう嘆きながらも、「野球とこれは別だから」とプレゼントを手渡したが、彼女は自分以上に落ち込んでいた。

数日たっても自分は気落ちしたままだ。「もしかしたら来年はないかもしれない……」。妻にはそんな弱気な自分は見せたくないと思いながらも、雰囲気だけはひしひしと伝わっていたのだろう。彼女は気丈に言った。

「三浦大輔がこのまま終わっていいの？」

自分は、その言葉で目が覚めた。

「横須賀の練習場でも、ブログでのコメントでも自分を応援してくれるファンがいる。なにより、自分の元気な姿を待ち望んでいるのは家族じゃないのか。20年もプロを続けられて、最後がこんなカッコ悪い終わり方でいいのか？　そんなのは絶対に嫌だ！」

そして、妻にこう言った。

「やることをやるよ。もし、今年でベイスターズをクビになっても、他の球団に行くことになっても、最後は自分が納得した終わり方でやめるから」

彼女は笑顔で頷いてくれた。

妻は、ずっと忙しい日々を送ってきた。

朝の6時前には起床し、弁当を作って7時には子どもたちを学校に送り出す。その後は自分の朝食の準備に取り掛かる。11時に自分が家を出ると、そこからは洗濯や掃除といった家事をこなし、一段落がついたかと思うと、息子と娘が順番に帰宅する。

そうなると夕食の準備が始まる。食事を終え、子どもたちを風呂に入れ、寝かしつけると今度は自分が試合を終えて帰ってくる。また夕食を作る……。自分は経験したことがないが、見ているだけでかなりの重労働だと感じてきた。それを25年も続けて三浦大輔を支えてくれてきた。

どんな日でも、家に戻れば妻がいて、娘と息子がいる。

家族には本当に感謝している。

おわりに

2012年7月5日。

この日は、自分のプロ野球人生の中で忘れられない1日となった。

「三浦さん、150勝おめでとうございます」

全体練習でピッチャーが集まっているとき、不意にみんなから祝福の言葉をもらった。

前日の巨人戦で自分は、プロ通算150勝を達成した。本音をいわせていただければ、自分は150勝をするためにプロの世界に入ったわけではないし、1勝、1勝それぞれ違う重みがあると思っている。できることなら何百勝もしたい。だから、個人的にはそこまで感慨に浸っていたわけではなかった。

だが、スタンドを見渡すと「150勝おめでとう!」といったプレートを掲げて記録達成を喜んでくれるファンが大勢いることに気づいた。

「こんなに喜んでくれていたんだ。やっぱりベイスターズファン、サイコー！　三浦大輔ファン、サイコー！」

自分の150勝よりもそのほうが嬉しかった。

そして翌日、ピッチャー全員が自分を祝福してくれた。

「プレゼントです」

小さな箱を受け取ると、そこには、高級時計が丁寧に梱包されていた。

「これ、本物か？　バッタもんじゃないだろうな？」

照れ隠しにそんな冗談を言いながら時計をケースの中から取り出そうとすると、鑑定書が同梱されていた。いうまでもなく、本物だった。

話を聞くと、一軍と二軍、それに外国人も含めたピッチャー全員に呼びかけ、自分に高級時計をプレゼントするためにお金を集めてくれていたのだ。

その場で泣き出しそうになった。自宅へ帰り、妻に「みんなが俺のためにプレゼントしてくれたんだ……」と報告している最中にも涙が出そうになった。

最高の仲間と野球ができて、本当に幸せだったと思う。

本書を出版するにあたり多くの方々の力をいただいた。

スケジュールが厳しいなか懇切丁寧に自分にお付き合いいただいた大和書房のみなさん。構成から手伝ってくれたライターの田口元義さん、日々、自分をサポートしてくれるエイベックス・マネジメントのみなさん。ベテランである自分を守り立ててくれる横浜ＤｅＮＡベイスターズのみなさん。そして、ファンのみなさんと友人、家族のみんな。

自分を信じて応援してくれる人がいる限り、三浦大輔はこれからも、どこにいても、ブレずに闘い続けることを誓います。

ヨ・ロ・シ・ク!!

三浦大輔

文教大学
Takashimaya
のツクイ
AM
リスト
信号システムの

DeNA
YSTARS
18

本書は小社より二〇一二年一二月に刊行されました。

三浦大輔（みうら・だいすけ）

1973年12月25日奈良県生まれ。高田商業高校卒業。1991年ドラフト6位で横浜大洋ホエールズ（現・横浜DeNAベイスターズ）に入団。ベイスターズのエースとして不動の地位を築き上げる。1998年には12勝をあげ、リーグ優勝に貢献。2004年にはアテネ五輪代表、長嶋ジャパンで銅メダルを獲得。2005年には最優秀防御率、最多奪三振で二冠を達成。2007年にはプロ野球選手の社会貢献活動を表彰するゴールデンスピリット賞を受賞。2012年には通算150勝を達成した。リーゼントの髪型がトレードマークで、通称「ハマの番長」と呼ばれる。

だいわ文庫

逆境《ぎゃっきょう》での闘《たたか》い方《かた》

著者　三《み》浦《うら》大《だい》輔《すけ》

二〇一六年一二月一五日第一刷発行

発行者　佐藤 靖

発行所　大和《だいわ》書房

東京都文京区関口一－三三－四 〒一一二－〇〇一四

電話 〇三－三二〇三－四五一一

フォーマットデザイン　鈴木成一デザイン室

本文デザイン　喜來詩織（tobufune）

協力　株式会社横浜DeNAベイスターズ

エイベックス・マネジメント

編集協力　田口元義

本文印刷　厚徳社　カバー印刷　山一印刷

製本　小泉製本

ISBN978-4-479-30630-6

乱丁本・落丁本はお取り替えいたします。

http://www.daiwashobo.co.jp

だいわ文庫の好評既刊

＊印は書き下ろし

永　六輔
男のおばあさん
楽しく年をとる方法
今80歳。男のおばさん、おばあさんになる！ 頑張らず、楽しく年を取る。でも転ばないでね。TBSラジオ「誰かとどこかで」文庫化！
650円
331-1 D

＊名取芳彦
50歳からの心を「ゆるめる」教え
人生を楽しむ〝執着〟の手ばなし方
「執着」を捨てれば、第二の人生がもっと楽しくなる！ ベストセラー連発の下町住職が語る、折り返し点からの人生を輝かせるコツ。
650円
332-1 D

＊ルーク・タニクリフ
「とりあえず」は英語でなんと言う？
月間150万PVの超人気英語学習サイト「英語 with Luke」が本になった！ 「憂鬱」「リア充」基本英語からスラングまで。
740円
334-1E

＊平谷美樹
草紙屋薬楽堂ふしぎ始末
「こいつは、人の仕業でございますよ……」江戸の本屋＋作家＋怪異＝ご明察！ 戯作者と版元が怪事件を解決する痛快時代小説！
680円
335-1 I

＊板野博行
2時間でおさらいできる日本文学史
伊勢物語が中世の大ベストセラーだった！ 古事記から現代の又吉まで、名作のあらすじがわかる！ 日本文学の魅力を一気読み！
680円
336-1 E

＊加藤　文
青い剣
あのテレビドラマ『隠密剣士』の血を引く、秘蔵っ子が、新たな『隠密剣士』に挑戦！
680円
337-1 I

表示価格はすべて本体価格（税別）です。本体価格は変更することがあります。